CW00672541

# Sentier de
# Saint-Jacques-de-Compostelle
## Le Chemin du Puy
### Figeac / Moissac

**F**édération **F**rançaise de la **R**andonnée **P**édestre

association reconnue d'utilité publique
14, rue Riquet
75019 PARIS

Le Lot près de Saint-Cirq-Lapopie. Photo A. Kumardjian/Zapa.

# Sommaire

## Les informations pratiques

## Les voies jacquaires

## Un bref aperçu de la région

## Les itinéraires

## À la découverte de la région

## Pour comprendre la carte IGN

Courbes de niveau

Altitude • 974

**Les courbes de niveau**
Chaque courbe est une ligne (figurée en orange) qui joint tous les points d'une même altitude. Plus les courbes sont serrées sur la carte, plus le terrain est pentu. A l'inverse, des courbes espacées indiquent une pente douce.

| | |
|---|---|
| Route | ═══ |
| Chemin | ──── |
| Sentier | ----- |
| Voie ferrée, gare | ┉┿┯┛ |
| Ligne à haute tension | ➤ |
| Cours d'eau | ≈≈ |
| Nappe d'eau permanente | ▬ |
| Source, fontaine | ○ |
| Pont | ⊃⊂ |
| Eglise | ⌐ ○ |
| Chapelle, oratoire | ↑ ○ |
| Calvaire | † |
| Cimetière | ⊞ |
| Château | ⬛ |
| Fort | ⬦ |
| Ruines | ∴ |
| Dolmen, menhir | ⊓ Δ |
| Point de vue | ⩗ |

D'après la légende de la carte IGN au 1 : 50 000.

Les sentiers de Grande Randonnée® décrits dans ce topo-guide sont **tracés en rouge** sur la carte IGN au 1 : 50 000 (**1 cm = 500 m**).

La plupart du temps, **les cartes sont orientées Nord-Sud** (le Nord est en haut de la carte). Sinon, la direction du Nord est indiquée par une flèche rouge.

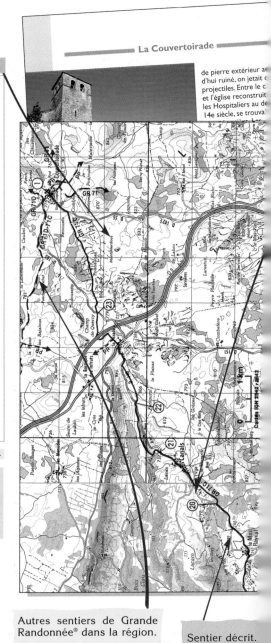

■ La Couvertoirade ■

de pierre extérieur a[...]
d'hui ruiné, on jetait [...]
projectiles. Entre le c[...]
et l'église reconstruit[...]
les Hospitaliers au de[...]
14e siècle, se trouva[...]

Autres sentiers de Grande Randonnée® dans la région.

Sentier décrit.

# es Sentiers de Grande Randonnée® ?

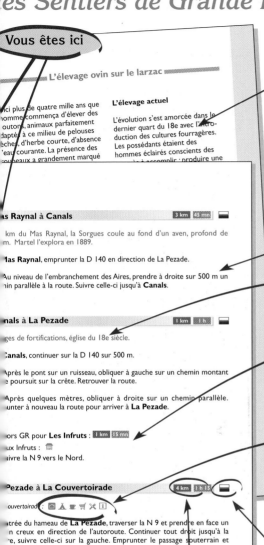

**Vous êtes ici**

L'élevage ovin sur le larzac

ici plus de quatre mille ans que
homme commença d'élever des
outons, animaux parfaitement
dapté à ce milieu de pelouses
èches, d'herbe courte, d'absence
'eau courante. La présence des
oupeaux a grandement marqué

**L'élevage actuel**

L'évolution s'est amorcée dans le
dernier quart du 18e avec l'intro-
duction des cultures fourragères.
Les possédants étaient des
hommes éclairés conscients des
... à accomplir : produire une

**as Raynal à Canals**    `3 km` `45 mn`

km du Mas Raynal, la Sorgues coule au fond d'un aven, profond de
m. Martel l'explora en 1889.

**Mas Raynal**, emprunter la D 140 en direction de La Pezade.

Au niveau de l'embranchement des Aires, prendre à droite sur 500 m un
nin parallèle à la route. Suivre celle-ci jusqu'à **Canals**.

**nals à La Pezade**    `1 km` `1 h.`

ges de fortifications, église du 18e siècle.

**Canals**, continuer sur la D 140 sur 500 m.

Après le pont sur un ruisseau, obliquer à gauche sur un chemin montant
e poursuit sur la crête. Retrouver la route.

Après quelques mètres, obliquer à droite sur un chemin parallèle.
unter à nouveau la route pour arriver à **La Pezade**.

ors GR pour **Les Infruts** : `1 km` `15 mn`

ux Infruts : 🏠
uivre la N 9 vers le Nord.

**Pezade à La Couvertoirade**    `4 km` `1 h 15`

ouvertoirad : 🏠 🛏 🍴 ✕ 🛈

trée du hameau de **La Pezade**, traverser la N 9 et prendre en face un
n creux en direction de l'autoroute. Continuer tout droit jusqu'à la
e, suivre celle-ci sur la gauche. Emprunter le passage souterrain et
dre la D 185. La traverser

bliquer sur un chemin bordé de murets et de haies de buis en direc-
e **La Couvertoirade**.

45

---

Pour découvrir **la nature** et **le patrimoine** de la région.

**Description précise** du sentier de Grande Randonnée®.

**Quelques infos touristiques**

Le Hors GR est un iti-néraire, généralement **non balisé**, qui permet de rejoindre un héber-gement, un moyen de transport, un point de ravitaillement. *Il est indiqué en tirets sur la carte.*

Pour savoir **où manger, dormir, acheter des provisions, se déplacer en train ou en bus**, etc.

(voir le tableau et la liste des hébergements et com-merces).

Couleur du **balisage**.

Le temps de marche pour aller de **La Pezade** à **La Couvertoirade** est de 1 heure et 15 minutes pour une distance de 4 km.

5

# *Informations pratiques*

## Quelques idées de randonnées

### ■ Les itinéraires décrits

Ce topo-guide décrit le sentier GR® 65, de Figeac à Moissac (157 km), le sentier GR® 651, de Béduer à Bouziès (54 km), le sentier GR® 36-46 de Bouziès aux Basses Bories (21 km) et le sentier GR® 652, de Gourdon à La Romieu (205 km).

### ■ Quelques suggestions

Nous avons sélectionné pour vous quelques circuits pour randonner le temps d'un week-end ou pendant vos vacances :

**Deux jours**

**Premier jour :** de Figeac à Béduer, 13 km
**Deuxième jour :** de Béduer à Cajarc, 19 km
Voir pp. 29-33.

**Trois jours**

**Premier jour :** de Fumel à Tournon-d'Agenais, 17,5 km
**Deuxième jour :** de Tournon à Penne-d'Agenais, 23 km
**Troisième jour :** de Penne d'Agenais à Villeneuve-sur-Lot, 15,5 km
Voir pp. 113-121.

**Premier jour :** de Cahors aux Tuileries, 19 km
**Deuxième jour :** des Tuileries à Montcuq, 22 km
**Troisième jour :** de Montcuq à L'Aube Nouvelle, 22,5 km
**Quatrième jour :** de L'Aube Nouvelle à Moissac, 16 km
Voir pp. 57-75.

**Premier jour :** de Cajarc à Limogne, 18 km
**Deuxième jour :** de Limogne à Saint-Cirq, 28 km
**Troisième jour :** de Saint-Cirq à Cabrerets, 11 km
**Quatrième jour :** de Cabrerets à Marcilhac-sur-Célé, 19 km
**Cinquième jour :** de Marcilhac-sur-Célé à Béduer, 28 km
**Sixième jour :** de Béduer à Cajarc, 19 km
Voir pp. 39-45, pp. 93-79 et pp. 33-39.

## Le balisage des itinéraires

Les sentiers GR® 65, 651, 36-46, et 652 et leurs variantes sont balisés en blanc et rouge.

# SUIVEZ LE BALISAGE
# OUR RESTER SUR LE BON CHEMIN.

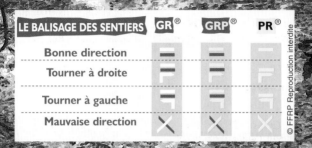

| LE BALISAGE DES SENTIERS | GR® | GRP® | PR® |
|---|---|---|---|
| Bonne direction | | | |
| Tourner à droite | | | |
| Tourner à gauche | | | |
| Mauvaise direction | ✕ | ✕ | ✕ |

© FFRP Reproduction interdite

# La randonnée : une passion *FFRP* !

Des sorties-randos accompagnées, pour tous les niveaux, sur une journée ou un week-end : plus de 2000 associations sont ouvertes à tous, dans toute la France.

Un grand mouvement pour promouvoir et entretenir les 180 000 km de sentiers balisés. Vous pouvez vous aussi vous impliquer dans votre département.

**FF*R*P**

Des stages de formations d'animateurs de randonnées, de responsables d'association ou encore de baliseurs, organisés toute l'année.

Une garantie de sécurité pour randonner bien assuré, en toute sérénité, individuellement ou en groupe, grâce à la licence FFRP ou à la RandoCarte.

*Pour connaître l'adresse du Comité de votre département, pour tout savoir sur l'actualité de la randonnée et découvrir la collection des topo-guides :*

## www.ffrp.asso.fr

**Centre d'Information de la FFRP**
14, rue Riquet  75019 Paris - Tél : 01 44 89 93 93
Ouvert du lundi au samedi de 10h à 18h.

# Avant de partir...

## ■ Période conseillée, météo

• Les itinéraires décrits dans ce guide sont praticables toute l'année.

• Il est intéressant de faire cette randonnée au printemps, en raison de la floraison des abres fruitiers et de leurs parfums agréables, et en automne (septembre-octobre), avec les couleurs rousses des arbres et des vignes à chasselas.

- Météo France Lot, tél. 08 92 68 02 46.
- Météo France Lot-et-Garonne, tél. 08 92 68 02 47.
- Météo France Tarn-et-Garonne, tél. 08 92 68 02 82.
- Météo France Gers, tél. 08 92 68 02 32.

## ■ Difficultés

• Le GR® 65 n'offre aucune difficulté aux randonneurs équipés convenablement.
En été, ne pas oublier de faire provision d'eau et partir tôt le matin, les jours de forte chaleur.

## ■ Les temps de marche

Les temps de marche indiqués dans ce guide sont indicatifs. Ils correspondent à une marche effective d'un marcheur moyen. Attention ! Les pauses et les arrêts ne sont pas comptés.

Le rythme de marche est calculé sur la base de 4 km à l'heure.

Chacun adaptera son rythme de marche selon sa forme physique, la météo, le poids du sac, etc.

## ■ Modifications d'itinéraires

Le parcours correspond à la description qui est faite dans le topo-guide. Toutefois, dans le cas de modification d'itinéraire, il faut suivre le nouveau balisage qui ne correspond plus alors à la description. Ces modifications sont disponibles auprès du Centre d'information de la FFRP (voir rubrique Adresses utiles).
Les renseignements fournis dans le topo-guide, ainsi que les jalonnements et balisages, n'ont qu'une valeur indicative, destinée à permettre au randonneur de trouver plus aisément son chemin.
La responsabilité de la FFRP ne saurait donc être engagée.
Bien entendu, le balisage n'est pas une finalité, mais un moyen d'assistance et d'initiation : son objectif est de permettre aux randonneurs, voire aux promeneurs, de se déplacer dans le milieu naturel sans autre aide que celles de la carte, de la boussole, d'un jalonnement des lieudits et des points remarquables du paysage.

## ■ Assurances

Le randonneur parcourt l'itinéraire décrit, qui utilise le plus souvent des voies publiques, à ses risques et périls. Il reste seul responsable, non seulement des accidents dont il pourrait être victime, mais des dommages qu'il pourrait causer à autrui tels que feux de forêts, pollutions, dégradations…

*Certains itinéraires empruntent des voies privées : le passage n'a été autorisé par le propriétaire que pour la randonnée pédestre exclusivement.*

De ce qui précède, il résulte que le randonneur a intérêt à être bien assuré. La FFRP et ses associations délivrent une licence incluant une telle assurance.

# Se rendre et se déplacer dans la région

## ■ SNCF

Les GR® décrits dans cet ouvrage sont accessibles à partir des gares de Figeac, Cahors, Moissac, Gourdon, Monsempron-Libos, Penne-d'Agenais, Agen.

Renseignements SNCF, tél. 08 36 35 35 35 ou 3615 *SNCF* ou Internet : www.sncf.com

## ■ Cars SNCF

- Ligne Cahors-Capdenac par Conduché, St-Cirq-Lapopie, Tour-de-Faure, Cajarc, Faycelles et Figeac.
- Ligne Villeneuve-sur-Lot - Agen.
Renseignements SNCF, tél. 08 36 35 35 35 ou 3615 *SNCF* ou Internet : www.sncf.com

• Car et taxi de l'Aubrac, 48260 Nasbinals, tél. 04 66 32 52 80/04 66 32 60 23/04 66 32 63 80.

• SARL Cars Delbos, BP 63, 46102 Figeac, tél. 05 65 34 00 70.

## ■ Cars privés

Un guide horaire *Les Bus du Lot* est mis à disposition par le Conseil Général, Hôtel du Département, place Chapou, BP 291, 46005 Cahors Cedex, tél. 05 65 23 15 49.

• Transports Laurent, tél. 05 65 34 18 99
• SARL Cars Delbos, BP 63, 46102 Figeac, tél. 05 65 34 00 70, ligne Villefranche-de-Rouergue - Limogne - Cahors ; ligne Figeac - Cahors ; ligne Saint-Chels - Gréalou - Figeac par Béduer et Faycelles.

• Cars Cauchard, BP 09, 12240 Rieupeyrou, tél. 05 65 65 67 21, ligne Rodez - Villefranche-de-Rouergue - Cahors par Limogne.

• SARL Raynal Voyages, 48, boulevard Gambetta, 46000 Cahors, tél. 05 65 23 28 28, ligne Varaire - Cahors par Bach et Laburgade.

• Transports Belmon et fils, BP 224 Regourd, 46000 Cahors, tél. 05 65 35 11 64, ligne Cahors - Luzech - Puy l'Evêque - Monsempron.

• Transports Luc Gelis, 46300 Gourdon tél. 06 80 73 99 84, ligne Thédirac - Cazal - Salviac - Gourdon.

Un guide horaire *Trans 47* est mis à disposition par Le Conseil général, Hôtel du Département, 47922 Agen Cedex 9, tél. 05 53 69 42 03 et 04.

• Citram Aquitaine, 8, rue Corneille, BP 223, 33042 Bordeaux Cedex, tél. 05 5 43 68 43, lignes Agen - Nérac et Agen Pau.

• SAB, 4, place du 4 Septembre, 4730 Villeneuve-sur-Lot, tél.05 53 40 23 30.

• STAA, ZI Laville, 47240 Bon-Encontr tél. 05 53 98 15 00.

• Transports Bajolle, gare routière, 3200 Condom, tél. 05 62 28 04 82, ligne Agen Condom.

## ■ Aérodromes

• Cahors-Lalbenque : tél. 05 65 21 00 4 Toulouse-Blagnac (liaisons nationales internationales) : tél. 05 61 42 44 0 Figeac-Livernon (aviation de tourisme) tél. 05 65 40 57 04.

• Agen-La Garenne, tél. 05 53 77 00 88.

• Moissac - Castelsarrasin, tél. 05 63 29 78.

# Hébergement, restauration, commerces, services

## ■ Se loger
On peut se loger chaque soir sur l'itinéraire ou à proximité immédiate. Les formules d'hébergement sont diverses et variées (gîtes d'étape, refuges, hôtels, chambres d'hôtes ou chez l'habitant, campings, etc.). Pour les gîtes d'étape et refuges, renseignez-vous auprès du gérant pour savoir s'il faut emporter son sac ou son drap de couchage. La réservation est vivement recommandée (des arrhes pourront vous être demandées). La liste présentée se veut exhaustive, sans jugement sur la qualité de l'accueil et le confort. Certains de ces établissements peuvent être labellisés (*Gîtes de France, Gîtes Panda, Rando Plume, Rando Etapes, Rand'hôtel, Balad'hôtel, Logis de France, etc.*).

## ■ Se restaurer
Un bon petit-déjeuner pour commencer la journée, un bon dîner le soir à l'étape : c'est cela aussi la randonnée. Là encore, les formules sont variées (repas au gîte, à l'hôtel, tables d'hôtes, restaurants, fermes-auberges, etc.). Dans certains gîte d'étape, on peut préparer soi-même son dîner et petit-déjeuner. Renseignez-vous auprès des propriétaires. Un forfait demi-pension est souvent proposé (nuit, dîner, petit-déjeuner).

## ■ Les Rando Etapes, le label du Lot
Les *Rando Etapes* sont des hébergements particulièrement adaptés à l'accueil des randonneurs non motorisés. Ces établissements sont aussi bien des gîtes d'étape, des chambres d'hôtes que toute autre formule d'hébergement. Ils sont obligatoirement ouverts de Pâques à Toussaint et accueillent au minimum 10 personnes. Un abri pour entreposer les vélos et un enclos pour l'accueil des chevaux sont à votre disposition. Le Label Tourisme équestre garantit, quant à lui, un accueil des chevaux en boxes ou en salles.
Pour les repas : coin cuisine à disposition ou repas assuré sur place.

Les *Rando Etapes* du Lot sont classés de 1 à 3 étoiles, en fonction de leur confort (dortoirs ou chambres, sanitaires correspondant à la capacité d'accueil) et des prestations fournies (fourniture de draps, mise à disposition d'un téléphone, service de buanderie...). Certains établissements ne correspondant pas aux normes de classement sont répertoriés ci-après comme *Points Etapes*.

## ■ Hôtels, chambres d'hôtes, campings
Les guides des campings, des hôtels-restaurants et des chambres d'hôtes peuvent être adressés (sur demande) par les Comités départementaux du tourisme (voir Adresses utiles).

## ■ Liste des hébergements

*Pour faciliter la lecture, les hébergements sont cités dans le sens du parcours.*

### Sur le sentier GR® 65

• La Cassagnole (46100 Faycelles)
- Gîte d'étape (35 places) et chambres d'hôtes *Le Relais Saint-Jacques, Rando Etape*, M. et Mme Lefrançois, tél. 05 65 34 03 08.

• La Planquette (46100 Béduer) (hors GR)
- *Point Etape*, M. Bacalou, ouvert d'avril à octobre, tél. 05 65 40 01 36 ou 05 65 40 03 43.

• Cajarc (46160)
- Gîte d'étape communal *Point Etape*, ouvert toute l'année, pl. du Foirail, tél. 05 65 40 71 51.

• Seuzac (46160 Larnagol-près-Cajarc) (hors GR)
- Ferme équestre, *Rando Etape 2\**, tél. 05 65 40 73 16, ouvert toute l'année.

• Limogne-en-Quercy (46260)
- Gîte d'étape communal, *Rando Etape 1\**, ouvert toute l'année, tél. 05 65 24 34 12 (Mme Tournier), tél. 05 65 31 50 01 (Mairie), fax : 05 65 24 32 93.

• Varaire (46260) (sur la variante)
- Gîte d'étape, *Rando Etape 2\*\**, ouvert de mars à novembre, 13 places, Mme Bousquet, tél. 05 65 31 53 85.

• Le Pech (46230 Laburgade) (hors GR)
- *Point Etape,* Mme Latour, ouvert du 01/03 au 30/11, tél. 05 65 24 72 84.

• Cahors (46000)
- Foyer des Jeunes Travailleurs, 20 rue Frédéric-Suisse, tél. 05 65 35 64 71.
- Foyer de Jeunes en Quercy, 129 rue Fondue-Haute, tél. 05 65 35 29 32.

• Les Tuileries (46090 Le Montat) (hors GR)
- *Rando Etape* 2\*\*, M et Mme Carrier, ouvert toute l'année, tél/fax 05 65 21 04 72.

• Lascabanes (46800)
- Gîte d'étape communal, *Rando Etape* 2\*\*, 17 places, ouvert toute l'année, tél. 05 65 31 49 12.

• Préniac (46800 Saint-Pantaléon) (hors GR)
- *Le Relais de Préniac, Rando Etape* 3\*\*\*, ouvert du 01/03 au 15/11, tél. 05 65 31 88 51.

• La Brugade (46800 Lebreil) (hors GR)
- *Rando Etape* 2\*\*, Mme Bibard, toute l'année, tél. 05 65 31 84 66.

•Marcillac (46800 Saint-Cyprien) (hors GR)
- *Rando Etape* 2 \*\*, Mme Pinatel, ouvert toute l'année, tél. 05 65 22 90 42.

• Lauzerte (82110)
- Gîte d'étape, ouvert du 01/03 au 31/10, 21 places, réservation : office de tourisme, tél. 05 63 94 61 94.

• Durfort-Lacapelette (82390)
- Hôtel-restaurant *L'Aube Nouvelle*, tél. 05 63 04 50 33.

• Moissac (82200)
- Gîte d'étape du Carmel, *Centre international d'accueil et de séjour de Moissac*, à 5 mn du cloître, 66 places, restauration, réservation tél. 05 63 04 62 21.

## Sur le sentier GR® 651

• La Planquette (46100 Béduer) (hors GR)
- *Point Etape,* M. Bacalou, ouvert d'avril à octobre, tél. 05 65 40 01 36 ou 05 65 40 03 43.

• Espagnac-Sainte-Eulalie (46320)
- Gîte d'étape, *Rando Etape* 2\*\*, ouvert toute l'année, Mme Sénac, tél. 05 65 40 05 24.

• Marcilhac-sur-Célé (46160)
- Gîte d'étape communal *Point Etape*, ouvert de Pâques à Toussaint, tél. 05 65 40 61 43.

• Cabrerets (46330)
- *Rando Etape* 1\*, Mme Bessac, ouvert de Pâques à Toussaint, tél. 05 65 31 27 04, fax. 05 65 30 25 46.

## Sur le sentier GR® 36

• Saint-Cirq-Lapopie (46330)
- *Rando Etape* 2\*\*, Maison de la Fourdonne ouvert du 01/02 au 30/10, tél. 05 65 31 21 51.

## Sur le sentier GR® 652

• Gourdon (46300)
- *Rando Etape* 2\*\*, Village Vacances de Montmarsis, ouvert du 01/03 au 30/11, tél. 05 65 41 17 66.

• Mauroux (46700) (hors GR)
- Gîte d'étape, *Domaine de Saby*, tél. 05 65 36 59 21.

• Lagrolère (47500 Montayral)
- Centre de vacances, tél. 05 53 71 20 09.

• Lagabertie (47370 Thézac) (hors GR)
- Gîte d'étape (fermé en juillet-août), tél. 05 53 40 74 36.

• Tournon-d'Agenais (47370)
- Centre de vacances *Le Camp Beau*, tél.05 53 40 78 88.

• Las Crambettes (47370 Anthé) (hors GR)
- Gîte d'étape, 4 à 6 places, tél. 05 53 41 35 98.

• Dausse (47140)
- *Hôtel Ricou*, tél. 05 53 41 27 16.

• Penne-d'Agenais (47140)
- Chambres d'hôtes *L'Air du Temps,* tél. 05 53 41 34.

• Villeneuve-sur-Lot (47300) (hors GR)
- Chambres d'hôtes, Les Huguets, tél. 05 53 49 34.

• Pujols (47300)
- Hôtel des *Chênes*, tél. 05 53 49 04 55.

• Mothis (47300 Pujols) (hors GR)
- Chambres d'hôtes, tél. 05 53 40 99 29.

• Laugnac (47360) (hors GR)
- Hôtel *Le Relais*, tél. 05 53 87 60 02.

• Roquefort (47310)
- Chbres d'hôtes *Le Château*, tél. 05 53 67 89

• Lamontjoie (47310)
- Centre de vacances *Le Lac*, tél. 05 53 95 12 19 ; mairie, tél. 05 53 95 11 19.

• La Romieu (32700)
- Gîte d'étape, mairie, tél. 05 62 28 15 72.

Malgré nos vérifications, des oublis ou erreurs ont pu se glisser, notamment dans la liste d'héberge-ments. De nouveaux établissements ont pu s'ouvrir, d'autres fermer, des numéros de téléphone ont pu changer, depuis l'édition de ce topo-guide. Merci de nous le signaler ; nous en tiendrons compte dans la prochaine édition.

---

▶ Pour faciliter la lecture du tableau ci-dessous, les communes sont citées dans le sens du parcours décrit dans le topo-guide. Pour calculer la longueur d'une étape, il suffit d'additionner les chiffres de la colonne de gauche et d'ajouter, si votre lieu d'hébergement se situe hors GR, la distance figurant entre parenthèses.

| distances en km | LOCALITÉS (RESSOURCES) | Pages | 🏠 | 🏨 | 🛏 | ⛺ | 🛒 | 🍴 | ☕ | 🚌 | 🚉 |
|---|---|---|---|---|---|---|---|---|---|---|---|
| | FIGEAC                         GR 65 | 29 | | • | | • | • | • | • | • | • |
| 5 | LA CASSAGNOLE | 29 | • | | • | | | | | | |
| 3 | FAYCELLES | 29 | | | • | | • | • | • | • | |
| 3 | ▶ LA PLANQUETTE (hors GR, à 0,5 km) | 33 | • | | | | | | | | |
| 0,5 | ▶ BEDUER (sur le GR® 651, à 0,5 km) | 33 | | | | • | • | • | • | • | |
| 9 | GRÉALOU | 35 | | • | | | | | • | • | |
| 10 | CAJARC | 39 | • | • | | • | • | • | • | • | |
| 1,5 | ▶ SEUZAC (hors GR à 2,5 km) | 39 | • | | | | | | | | |
| 8,5 | ▶ ST-JEAN-DE-LAUR (hors GR à 0,5 km) | 41 | | | | | | | | • | |
| 8 | LIMOGNE-EN-QUERCY | 41 | • | • | • | • | • | • | • | • | |
| 7 | ▶ VARAIRE (sur variante, à 0,5 km) | 43 | • | | | | • | • | • | | |
| 6 | BACH | 45 | | | | | | | | • | |
| 14 | ▶ LE PECH (hors GR à 1 km) | 49 | • | | | | | | | | |
| 12 | CAHORS | 57 | • | • | | • | • | • | • | • | • |
| 10 | LABASTIDE-MARNHAC | 57 | | | • | | | | | • | |
| 1 | ▶ L'HOSPITALET (hors GR à 3 km) | 59 | | | • | • | | | | | |
| 0 | ▶ LES TUILERIES (hors GR à 7 km) | 59 | | | • | | | | | | |
| 12 | LASCABANES | 59 | • | | | | | • | | | |
| 5,5 | ▶ PRÉNIAC (hors GR à 0,5 km) | 63 | | | • | | | | | | |
| 3,5 | MONTCUQ | 63 | | • | • | • | • | • | • | • | |
| 0 | ▶ LA BRUGADE (hors GR à 3 km) | 63 | | | • | | | | | | |
| 4 | ▶ MARCILLAC (hors GR à 2,5 km) | 63 | | | • | | | | | | |
| 0 | ▶ ROUILLAC (hors GR à 0,5 km) | 63 | | | • | | | | | | |
| 3 | MONTLAUZUN | 67 | | | | | | | | | |
| 7 | LAUZERTE | 67 | • | • | | • | • | • | • | • | |
| 8,5 | L'AUBE NOUVELLE | 71 | | • | | | | | • | | |
| 1,5 | DURFORT-LACAPELETTE | 71 | | | | | | • | • | | |
| 14,5 | MOISSAC | 75 | • | • | | • | • | • | • | • | • |

🏠 Gîte d'étape ou centre de vacances ou ferme équestre

🏨 Hôtel

🔺 Halte randonneurs*

🛏 Chambre d'hôte

🙏 Camping

🛒 Ravitaillement

🍴 Restaurant

🚌 Car

🚉 Gare

ℹ OT/SI *

☕ Cafés

* ne figurent que dans le descriptif.

| distances en km | LOCALITÉS | RESSOURCES | Pages | 🏠 | 🏨 | 🛏 | ⛺ | 🛒 | 🍴 | ☕ | 🚌 | 🚆 |
|---|---|---|---|---|---|---|---|---|---|---|---|---|
| | BÉDUER | GR 651 | 79 | | | | • | • | • | • | • | |
| 0 | ▶ LA PLANQUETTE (hors GR, à 0,5 km) | | 79 | • | | | | | | | | |
| 4 | BOUSSAC | | 79 | | | • | | • | | | • | |
| 2 | CORN | | 79 | | | • | | | | | • | |
| 7 | ESPAGNAC | | 81 | • | | | | • | • | • | • | |
| 4 | BRENGUES | | 81 | | • | • | • | • | • | | | |
| 4 | SAINT-SULPICE | | 83 | | | • | • | • | | • | • | |
| 7 | MARCILHAC-SUR-CÉLÉ | | 83 | • | • | • | • | • | • | | • | |
| 9 | SAULIAC-SUR-CÉLÉ | | 85 | | | | | • | | | | |
| 10 | CABRERETS | | 87 | • | • | • | | • | • | • | | |
| 7 | BOUZIES | GR 36-46 | 87 | | | | • | • | | • | • | |
| 4 | SAINT-CIRQ-LAPOPIE | | 89 | • | • | | | | | | | |
| 10 | CONCOTS | | 89 | | | | | • | • | • | • | |
| | GOURDON | GR 652 | 95 | • | • | • | • | • | • | • | • | • |
| 6 | COSTERASTE | | 95 | | | | | | | | • | |
| 12 | SALVIAC | | 99 | | • | • | • | • | • | | | |
| 7 | CAZALS | | 99 | | • | • | • | • | • | | • | |
| 11,5 | FRAYSSINET-LE-GELAT | | 101 | | • | • | | • | • | | • | |
| 6 | ▶ LA BORDE (hors GR, à 0,5 km) | | 105 | | | • | | | | | | |
| 6 | MONTCABRIER | | 105 | | | • | • | • | • | | | |
| 3,5 | ST-MARTIN-LE-REDON | | 107 | | | | | | | • | | |
| 5,5 | TOUZAC | | 111 | | • | | • | | • | | • | |
| 4 | ▶ MAUROUX (hors GR, à 1,5 km) | | 111 | • | • | | • | • | • | | | |
| 3,5 | ▶ FUMEL (par GR de Pays, à 6 km) | | 113 | | • | | | • | • | • | • | |
| 1 | LAGROLERE | | 113 | • | | | | | | | | |
| 7 | ▶ LAGABERTIE (hors GR, à 1 km) | | 113 | • | | | | | | | | |
| 4,5 | TOURNON-D'AGENAIS | | 113 | • | • | | | • | • | • | | |
| 5 | ▶ ANTHÉ (hors GR, à 0,5 km) | | 115 | • | | | | | | | | |
| 9 | DAUSSE | | 115 | | • | | | • | • | • | | |
| 9 | PENNE-D'AGENAIS | | 117 | | • | • | • | • | • | | | • |
| 13,5 | ▶ VILLENEUVE/LOT (hors GR, à 2 km) | | 121 | | • | • | • | • | • | • | • | |
| 2,5 | PUJOLS | | 123 | | • | | | • | • | • | | |
| 1,5 | MOTHIS | | 123 | | | • | | | | | | |
| 18,5 | ▶ LAUGNAC (hors GR, à 1 km) | | 125 | | • | | | • | • | • | | |
| 21 | AGEN | | 127 | | • | | | • | • | • | • | • |
| 9 | ROQUEFORT | | 131 | | | • | | • | • | • | | |
| 8,5 | MOIRAX | | 131 | | | | | • | • | • | | |
| 19 | LAMONTJOIE-DE-ST-LOUIS | | 137 | • | | | | • | • | • | | |
| 13 | LA ROMIEU | | 141 | • | • | | | | • | • | | |

# S'équiper et s'alimenter pendant la randonnée

## ■ S'équiper

L'équipement minimum comporte :
– des vêtements de randonnée adaptés à tous les temps (vent, froid, orage, pluie, neige, chaleur, etc.) ;
– des chaussures de marche adaptées a terrain et à vos pieds ;
– un sac à dos ;

– un sac et un drap de couchage pour certains gîtes d'étape ou refuges qui ne fournissent pas le nécessaire.
– des accessoires indispensables (gourde, couteau, pharmacie, lampe de poche, boussole, grand sac poubelle pour protéger le sac à dos, chapeau, bonnet, gants, lunettes de soleil et crème solaire, papier toilette et couverture de survie).
Plus votre sac sera léger, plus votre randonnée sera agréable.

## ■ S'alimenter

Pensez à vous munir d'aliments énergétiques tels que des barres de céréales, pâtes de fruits, fruits secs, chocolat. Pensez aussi à boire abondamment, mais attention à ne pas prendre n'importe quelle eau en milieu naturel. Munissez-vous dans ce cas de pastilles purificatrices.

# Adresses utiles

## ■ Randonnée

*Pour adhérer à une association de randonneurs et entretenir les sentiers ou pour obtenir des informations sur les sentiers.*

• Centre d'information *Sentiers et Randonnée* de la FFRP, 14, rue Riquet, 75019 Paris, tél. 01 44 89 93 93, e-mail : info@ffrp.asso.fr, Internet : www.asso.fr
• Comité régional FFRP Midi-Pyrénées, Immeuble GDF, 16, rue Sébastopol, BP 394, 31007 Toulouse Cedex 6, tél. 05 34 45 80 20.
• Comité régional Aquitaine de la randonnée pédestre, M. Etienne Huc, Estienne, 47300 Pujols.
• Comité départemental de la randonnée pédestre du Lot, 107, quai Cavaignac, BP 7, 46001 Cahors Cédex 9, tél. 05 65 35 07 09.
• Comité départemental de la randonnée pédestre du Tarn-et-Garonne, 1, rue de l'Abbaye, 82200 Moissac, tél. 05 63 04 73 25.
• Comité départemental de la randonnée pédestre du Gers, Office du tourisme, Place de la Cathédrale, 32700 Lectoure, tél. 05 62 68 94 51.
• Comité départemental de la randonnée pédestre de Lot-et-Garonne (CDRP 47), 4, rue André-Chénier, 47000 Agen, tél. 05 53 48 03 41.

## ■ Comités départementaux du tourisme

*Pour tout savoir sur les séjours, activités, transports et hébergements dans la région.*

• Comité départemental du tourisme du Lot, 107, quai Cavaignac, BP 7, 46001 Cahors Cédex 9, tél. 05 65 35 07 09.
• Comité départemental du tourisme du Tarn-et-Garonne, Hôtel des Intendants, place du Maréchal-Foch, 82000 Montauban, tél. 05 63 63 31 40.
• Comité départemental du tourisme de Lot-et-Garonne - Service Loisirs-Accueil, 4, rue André-Chénier, BP 158, 47005 Agen Cedex, tél. 05 53 66 14 14. Antenne de la Rando, tél. 05 53 48 03 41.

• Comité départemental du tourisme du Gers, 5, rue Diderot, 32000 Auch, tél. 05 62 05 37 02.

## ■ Offices de tourisme et Syndicats d'initiative

*Pour en savoir plus sur les communes.*

• Figeac, tél. 05 65 34 06 25.
• Cajarc, tél. 05 65 40 72 89.
• Cabrerets, tél. 05 65 31 27 12.
• Marcilhac-sur-Célé, tél. 05 65 40 61 43.
• Saint-Cirq-Lapopie, tél. 05 65 31 29 06.
• Limogne-en-Quercy, tél. 05 65 24 34 28.
• Cahors, tél. 05 65 53 20 65.
• Lauzerte, tél. 05 63 94 61 94.
• Moissac, tél. 05 63 04 01 85.
• Gourdon, tél. 05 65 27 52 50.
• Cazals, tél. 05 65 22 88 88.
• Salviac, tél. 05 65 41 57 27.
• Mauroux , tél. 05 65 30 66 70.
• Tournon-d'Agenais, tél. 05 53 40 73 92.
• Penne-d'Agenais, tél. 05 53 41 37 80.
• Villeneuve-sur-Lot, tél. 05 53 36 17 30.
• Pujols, tél. 05 53 36 78 69.
• Agen, tél. 05 53 47 36 09.
• Moirax, tél. 05 53 87 13 73.
• Lamontjoie, tél. 05 53 95 11 19.
• La Romieu, tél. 05 62 68 76 98.

## ■ Autres adresses

• Société des Amis de Saint Jacques, B 368.16, 75768 Paris Cedex 16.
• Association Compostelle 2000, 54, rue Ducouëdic, 75014 Paris, tél. 01 43 20 71 66.
• Association de Coopération interrégional Les Chemins de St-Jacques, 42, rue de Saules, 31400 Toulouse, tél. 05 61 25 57 31
• Association des Amis du chemin de Saint-Jacques en Quercy, Rouergue Languedoc, 42, impasse Soupetard, 3150 Toulouse, 05 61 48 10 10.
• Los Caminos Moissagues, place René de Bredon, 82200, Moissac.
• Association lot et garonnaise des amis de Saint-Jacques de Compostelle, Parro 47170 Mézin, tél. 05 53 65 73 39.

# Bibliographie, cartographie

## ■ Ouvrages sur le pèlerinage de Saint-Jacques

– Barret et Gurgand, *Priez pour nous à Compostelle*, éd. Hachette

– Bottineau Y., *Les Chemins de Saint-Jacques*, éd. Arthaud, 1993

– Bourdarias (J.) et Wasielewski (M.), *Guide des Chemins de Compostelle*, éd. Fayard

– Oursel R., *Pèlerins du Moyen Age*, éd. Fayard, 1989

## ■ Ouvrages géographiques et historiques sur la région

– Guides Verts *Périgord-Quercy, Pyrénées Aquitaine, Côte basque et Pyrénées Roussillon*, éd. Michelin

– Guides Bleus *Midi-Pyrénées et Aquitaine*, éd. Hachette

– Le nouveau guide *Périgord-Quercy*, éd. Ouest-France

– Beaumont (St.), *En Agenais*, éd. Privat

– Charrier (J.P.), *Connaître le Lot-et-Garonne*, Ray Delvert S.O

– Rickard Ch., *Le Quercy*, éd. Ouest-France

– *Midi-Pyrénées*, Le guide du Routard, éd. Hachette

– *Cahors-Lot*, Le Petit Fûté, Nouvelles Éditions de l'Université

– *Cahors et la Vallée du Lot*, Etudes et Communications, collection Guides du patrimoine

– *Vallée du Lot et du Célé*, Figeac, Les Éditions du Laquet, collection Tourisme et patrimoine

– *Les Causses du Quercy*, Les Editions du Laquet, collection Tourisme et patrimoine

– *Quercy blanc*, coll. Tourisme et patrimoine

– *Pays de Serre - Bas Quercy* par les chemins de traverse, CDT du Tarn-et-Garonne, 82000 Montauban

– *Vallées et terrasses de la Garonne et du Tarn par les chemins de traverse*, CDT du Tarn-et-Garonne, 82000 Montauban

– *Causse, Rouergue par les chemins de traverse*, CDT du Tarn-et-Garonne, Montauban, 82000

– *Le Quercy roman*, éd. du Zodiaque

## ■ Autres ouvrages

– Collection *Promenades et randonnées* : La Vallée du Lot de Vers à Soturac (circuits autour de Cahors, Montcabrier, Saint-Martin-le-Redon, Mauroux) ; Entre Lot et Célé (Bouziès, Saint-Cirq Lapopie, Cajarc, Cabrerets, Marcilhac, Saint-Sulpice, Brengues, Béduer, Figeac) ; Les Marches du Sud Quercy (Limogne, Varaire, Bach), La Bouriane (Gourdon, Salviac, Cazals, Montclera, Frayssinet), éditions CDT du Lot

– *Itinéraires de petite randonnée* en Tarn-et-Garonne, autour du Chemin de Saint-Jacques, Office de tourisme de Moissac

– *Gîtes et refuges*, A. et S. Mouraret, Rando Editions

## ■ Cartographie

Cartes IGN au 1 : 25 000 n° 2138 E, 2139 O et E, 2238 Ouest et Est, 2239 Ouest, 2039 E et O, 2040 O, 2037 E et O, 2038 O, 1938 E, 1939 E et O, 1839 E, 1840 E, 1841 E et O.

Carte IGN au 1 : 100 000 n° 56 et 57

Carte Michelin au 1 : 200 000 n° 235

Carte de la Randonnée du Lot au 1 : 200 000 éditée par le CDT du Lot

# Les Chemins de Saint-Jacques-de-Compostelle en France sont classés par l'UNESCO au Patrimoine Mondial de l'Humanité.

Grâce à l'initiative prise, dès 1995, par la FFRP et ses partenaires, la « Société des Amis de Saint-Jacques » et « l'Association Interrégionale les chemins de Saint-Jacques », puis relayée par le ministère de la Culture sous l'égide de l'Etat français :

**les Chemins de Saint-Jacques-de-Compostelle en France sont classés par l'UNESCO au Patrimoine Mondial de l'Humanité.**

Cette éminente distinction réjouira tous ceux qui, avec la FFRP, et grâce au soutien de la Fondation d'entreprise Gaz de France, contribuent à la résurgence des principaux itinéraires de Saint-Jacques de Compostelle, permettant ainsi aux randonneurs-pèlerins d'aujourd'hui de reprendre, au plus près de la réalité historique, les cheminements de ceux dont le flot a, pendant mille ans, irrigué une grande partie de l'Europe.

La FFRP remercie tous les artisans de ce succès qui touchera le cœur de chaque Français, notamment à l'occasion de l'année jacquaire.

Maurice BRUZEK
Président de la FFRP

## Réalisation

Ce topo-guide est l'aboutissement d'un travail collectif réalisé par des bénévoles, les Comités départementaux du tourisme du Lot et du Lot-et-Garonne et les collectivités locales avec l'appui financier des Conseils généraux.

Les Comités départementaux de la randonnée pédestre du Lot (M. De Chalain et André Reiniche), du Lot-et-Garonne (Joël Macé et Etienne Huc), du Tarn-et-Garonne (Michel Bousquet) remercient les bénévoles baliseurs, l'association Les Amis (du) Chemin de Saint-Jacques à Moissa(c), l'Association des Amis de Saint-Jacques (de) Compostelle du Lot-et-Garonne et l'Ass(o)ciation les chemins verts de l'emploi (du) Lot-et-Garonne pour leur collaboration.

Les textes thématiques historiques ont é(té) rédigés par M. Gérard Jugnot, président d(es) Amis de Saint-Jacques et par Sop(hie) Martineaud.

# Les Chemins de St-Jacques-de-Compostelle en France

**Chemins d'hier et d'aujourd'hui**
Peut-on être sûr, aujourd'hui, d'identifier parfaitement, sur le terrain, l'ancien chemin des pèlerins pour que les marcheurs contemporains puissent avoir la certitude de mettre leurs pas dans ceux de leurs ancêtres ? Ce serait là pure vue de l'esprit. Ce repérage se heurte, en effet, à d'insurmontables obstacles.

Première difficulté : Le *Guide du pèlerin* n'indique que les principales étapes, sauf, parfois, en Espagne, où il apporte quelques précisions sur les fleuves à franchir et la qualité de leurs eaux. Les « itinéraires » que nous ont laissés certains pèlerins, du 13e au 18e siècle, nous décrivent le parcours qu'ils ont suivi, mais sans nous permettre, pour autant, de découvrir exactement le tracé de celui-ci entre deux étapes. De surcroît, nous ne possédons une telle documentation que pour les chemins de Tours et de Toulouse.

Seconde difficulté : le « chemin » n'a pu demeurer identique à lui-même pendant neuf siècles. En effet, la route médiévale n'a rien de commun avec le « ruban » figé auquel nous sommes aujourd'hui accoutumés. C'est, plus modestement, l'endroit par où l'on passe, susceptible de variations au gré des circonstances : guerres, intempéries, ponts gués nouveaux ou détruits, péages à éviter, établissements hospitaliers. Sans compter, puisqu'il s'agit d'une pérégrination religieuse la visite des sanctuaires renommés tout à au long du chemin, ce qui peut inciter l pèlerin à dévier sa route...

Prétendre identifier un « chemin de Saint-Jacques » – et un seul – et soutenir q aurait été universellement suivi par tous les pèlerins d origines du pèlerinage (au

Ruines de la chapelle de Cajarc. *Photo M. Wasielewski.*

milieu du 10e siècle) jusqu'à son déclin (mettons à la fin du 18e siècle pour les Français) serait une imposture.

Un chemin de pèlerinage, si long et sur une aussi longue période, est une corde qui vibre : il y a des points de passage nécessaires qui en constituent les nœuds et, entre eux, se creusent des ventres plus ou moins importants.

Aussi, le sentier balisé de nos jours en tant que GR® « chemin de Saint-Jacques » ne peut-il prétendre à l'historicité dans les moindres détails. Pour avoir le label

Le gué de Flagnac. *Photo M. Wasielewski.*

L'église de Figeac, sur le GR® 65.
*Photo L. Olivier.*

« Saint-Jacques », il doit nécessairement respecter les étapes du *Guide*, voire les points de passage essentiels attestés par d'autres documents anciens. Mais il peut, pour l'agrément du marcheur, et même pour l'authentique pèlerin, voire pour sa simple sécurité, prendre parfois des libertés avec ce que l'on pourrait nommer « chemin historique ». Le GR® est le « chemin de Saint-Jacques » du 20e siècle finissant. Il suffit de le dire et d'indiquer, en parallèle, autant que faire se peut, le ou les tracés anciens.

## A travers le Quercy

Le parcours de Figeac à Moissac traverse le Quercy, par la vallée du Lot. *Photo J. Thomas/Zapa.*

# de la région

Le parcours qui relie Figeac à Moissac traverse essentiellement le Quercy, antique terre des Cadourques ou cadurci, peuple celtique présent dans la région au moment de l'invasion romaine. A la croisée du Lot et du Tarn-et-Garonne, la région se divise en haut Quercy et bas Quercy. Celui-ci s'amorce à hauteur de Lalbenque, plus souvent appelé Quercy Blanc puis Pays de Serres vers Moissac. On y progresse le long de beaux chemins blancs renvoyant une luminosité presque transparente et déjà méridionale.

## Les causses du Quercy, un océan de pierre

Le haut Quercy s'étend, en bordure ouest du Massif central, sur une large bande de calcaires jurassiques durs et fissurés dont les bombements ne dépassent pas 450 m d'altitude. Il se compose en grande partie de causses : vastes étendues calcaires et dénudées où quelques futaies de maigres chênes verts (appelées « garouilles ») le disputent à la rocaille et aux champs de lavande. Constituée de dépôts sédimentaires jurassiques de l'ère secondaire, la région évoque un vaste océan où les vagues géantes se seraient figées pour l'éternité. Façonné par le lent travail d'érosion des eaux pluviales, le paysage alterne croupes surbaissées et dépressions encaissées. Caractérisques des reliefs karstiques, les plus réduites sont appelées « cloups » et résultent de la décomposition des roches, tandis que les « combes » présentent des dépressions plus larges et plus anciennes. Sèches en surface, les vallées ainsi créées sont tapissées d'argile rouge fertile et sont repérables à leur long ruban cultivé. Au nord de la Dordogne, le causse de Martel se prolonge par le causse de Gramat, entre Lot et Dordogne. Longé par le GR® 65 entre Figeac et Cahors, le causse de Limogne est borné au nord par la vallée du Lot et s'étend vers le sud

jusqu'aux confins du Tarn-et-Garonne et de l'Aveyron. Royaume minéral où la pierre affleure partout, le causse est émaillé de gouffres, de dolmens et de monuments mégalithiques, de murets et de cabanes de pierre sèche. Ici et là, quelques troupeaux de moutons broutent l'herbe clairsemée entre genévriers et chênes. Dépourvu de monuments spectaculaires, le causse de Limogne tire sa richesse de ses horizons minéraux à la beauté sauvage que la sécheresse de l'air rend plus lumineux encore.

Le sol caussenard autorise essentiellement les cultures arbustives : vigne, chêne truffier, figuier, noyer. Piquetées d'orchidées sauvages aux pétales veloutés, les pelouses sèches caussenardes accueillent maintes plantes méridionales telles l'astragale de Montpellier ou le narcisse à feuille de jonc. La forêt de chênes pubescents abrite des fleurs aux couleurs éclatantes tels le géranium sanguin ou la céphalanthère rouge.

Le Lot possède également quelques petits causses plus méridionaux comme celui situé au sud de Cahors ou vers Lalbenque où déjà apparaît une végétation presque méditerranéenne.

## La vallée du Lot, un ruban vert dans le calcaire doré

La verte vallée du Lot contraste spectaculairement avec les plateaux caussenards rocailleux. Entre Figeac et Cahors, le Lot déroule son ruban vert sombre, s'élargit en paresseux méandres dans une grasse vallée ocre et rouge couronnée de peupliers. Une terrasse d'alluvions vient fréquemment s'intercaler entre le lit de la rivière et le rebord du plateau calcaire. Par endroits, le Lot doit creuser laborieusement sa route à travers le calcaire doré des causses de Gramat et de Limogne et se fraye un étroit sillon que surplombent corniches et forteresses

La boucle du Lot autour de Cahors.
*Photo L. Olivier.*

naturelles. Épisodiquement, l'arrondi d'un méandre semble vouloir se refermer en une boucle que l'on appelle ici « cingle » comme c'est le cas à Cajarc ou à Cahors. Tout au long du Lot, on distingue d'une rive à l'autre une alternance de décors résultant du travail d'érosion des eaux fluviales. D'un côté, la berge « concave » porte une falaise creusée en à-pic au-dessus de l'eau ; de l'autre, la berge « convexe » s'étale en plaine alluviale fertile où se sont accumulés les limons. Plus loin, le phénomène se reproduit en changeant de côté. Les promontoires rocheux surplombant la rivière de plusieurs dizaines de mètres ont souvent donné naissance à de spectaculaires sites

Une cazelle, près de Lalbenque.
*Photo M. Wasielewski.*

fortifiés comme Saint-Cirq-Lapopie. Sur les terrasses, se sont établis villages et hameaux entourés de leurs parcelles cultivées : maïs, tabac, fraise, noyer, peuplier. Cette mosaïque de jardins verdoyants contraste fortement avec l'aridité des tables calcaires. La vigne se cantonne principalement au secteur situé en aval de Cahors. La vallée du Célé, affluent du Lot, suit sensiblement le même tracé se rapprochant à 4 km à la hauteur de Figeac. Moins puissant, le Célé alterne également rubans fertiles et falaises abruptes, mais ce n'est que lorsqu'il est sur le point de rejoindre le Lot que sa vallée se resserre en un étroit défilé.

## Le pays des Serres, un faisceau de lanières fertiles

A partir de Lalbenque, le paysage change radicalement. Après les étendues arides

des causses, le Quercy Blanc offre ses paysages doucement vallonnés, ses contrées plus hospitalières exhalant déjà des effluves méditerranéennes. C'est à la blancheur éclatante de sa pierre calcaire que le Quercy Blanc doit son nom, se démarquant de l'ocre des calcaires caussenards. Le bas Quercy se caractérise par ses calcaires lacustres, déposés à l'ère tertiaire dans des lacs d'eau douce. Ici, les grands plateaux crayeux arides ou « planhès », semblent lacérés par une multitude de cours d'eau rectilignes dont le tracé imite la feuille de fougère. Ces petites rivières ont découpé de longues lanières fertiles, orientées Nord-Est - Sud-Ouest, que les géographes ont baptisées « serres » : Séoune, Barguelonne, Barguelonnette, Lendou, et vers l'Est, Lupte, Lemboulas et Lembous. Celui qu'on appelle aussi le Pays de Serres offre ainsi

Bateau-moulin sur le Lot. *Photo F. Ducasse/Zapa.*

Le vignoble Coteaux du Quercy.
Photo CDT Lot.

complexité du relief entraîne une grande diversité des sols. Sur les plateaux, les « boulbènes » acides et froids constituent un terrain de prédilection pour le chasselas. Les « rougets » recouvrant les versants exposés au nord permettent le déploiement de vignes et de vergers, mais aussi de bois de chênes pubescents. Les pentes les plus ensoleillées sont tapissées de « terreforts » argilocalcaires et portent des champs de blé et de maïs. Le Chemin et ses variantes côtoient ainsi l'une des régions les plus agricoles du Tarn-et-Garonne. Aux alentours de Moissac, les coteaux se couvrent de vigne et de plantations fruitières. Dans l'Agenais les terrains constitués de molasse sont voués aux champs de céréales. Enfin, les plateaux calcaires sont couverts de vignobles Coteaux du Quercy et Cahors AOC.

Dans la partie centrale du département, au sud de Moissac, s'étend la vaste plaine alluviale résultant de la confluence entre Tarn et Garonne. Ici, les vallées ont été creusées dans la molasse, formation géologique régionale opposant peu de résistance à l'érosion. La large terrasse surélevée de 20 m séparant les deux fleuves se trouve en majeure partie boisée. Ce corridor fluvial accueille de multiples cultures : céréales, tabac, légumes, melons, arbres fruitiers et vigne Le secteur se trouve sous influence océanique, dotée de précipitations

une alternance de vallées et d'étroits lambeaux de plateaux parallèles au contraste saisissant. Les vallées principales présentent une grande similitude. De part et d'autre des crêtes centrales, apparaissent de petits villages aux toits de tuiles roses. Ici et là, l'horizon est dominé par un « pech » ou promontoire isolé, où surgit la silhouette d'un moulin. La plupart des chemins suivent l'orientation des vallées, divisés en camin de la Serre, désignant les chemins de crête, et camin de la Ribière, suivant les cours d'eau. Cette région se caractérise par son climat atlantique capricieux et imprévisible. La

Troupeau de moutons dans les causses du Quercy. Photo A. Kumurdjian/Zapa.

Ferme typique du Lot. *Photo A. Kumurdjian/Zapa.*

rrégulières et de brusques écarts de température. Les zones inondables accueillent une végétation luxuriante qui 'épanouit sous forme de forêt galerie peuplée d'aulnes, de saules, de frênes, de peupliers, de lianes et de plantes grimpantes.

**Une vocation agricole avant tout**
Longtemps, les habitants des causses du Quercy ont été enviés malgré leur pauvreté par leurs voisins du Ségala et du Périgord. En effet, le paysan quercynois parvenait à tirer de ce sol aride, une fois épierré, une petite polyculture caussenarde basée sur le blé, la vigne et les fruits. Celle-ci disparut à la fin du 19e siècle, à l'avènement du chemin de fer et surtout à cause de la propagation du phylloxera qui entraîna la perte des deux tiers du vignoble lotois. La crise économique grave qui s'ensuivit accéléra le processus de l'exode rural et la disparition de petites industries locales. Aujourd'hui, les causses de Gramat et de Limogne se dépeuplent et meurent à petit feu. Hormis la conservation agroalimentaire, le Lot n'est pas, actuellement, une région fortement industrialisée. La région pourrait prendre un nouveau départ grâce à son potentiel touristique et rural important. En Tarn-et-Garonne, l'agriculture tient une place importante dans l'économie. La polyculture de jadis a été supplantée par quelques dominantes : élevage, cultures fruitières (pruniers, pêchers, pommiers, poiriers, melon), vigne, céréales, tabac. Bénéficiant d'industries diffuses, le département reste profondément rural.

# Les itinéraires

# Le sentier GR® 65
## de Figeac à Moissac

## Figeac à La Cassagnole    `5 km`  `1 h 15`

*A Figeac :* 🏨 🏕 🛒 🍴 ☕ ℹ️ 🚌 🚉
*A La Cassagnole :* 🏠 🛏️

▶ Du centre de **Figeac**, traverser le pont sur le Célé pour trouver le GR® 65.

▶ Séparation du GR® 6 qui traverse Figeac et se dirige au Nord vers Souillac. Au Sud, le GR® 6A conduit à Capdenac, il est commun avec le GR® 65 jusqu'à l'Aiguille du Cingle.

**❶** Le GR® 65 tourne dans l'avenue Jean-Jaurès. Prendre la deuxième rue à gauche à l'angle d'un bureau EDF. Passer sous le pont de chemin de fer, tourner à droite puis à gauche dans la cour d'une ferme. Monter sur la colline du Cingle par un chemin à flanc de coteau (*attention aux glissements de terrain*). Arriver à un monument (*vue sur la ville de Figeac*). Emprunter la route sur le plateau.

**❷** Arriver sur une petite route, l'emprunter à gauche jusqu'à l'Aiguille du Cingle.

L'un des quatre obélisques du 13e qui marquaient, croit-on, les limites de l'abbaye des bénédictins fondée en 755 par Pépin. Le droit de poursuite était suspendu à l'intérieur du quadrilatère formé par ces quatre monuments.

▶ Séparation du GR® 6A qui part vers l'Est et descend sur Capdenac.

Le GR® 65, après un court passage entre deux murets, suit sur 100 m la D 922 puis emprunte à droite une route. Après Malaret, la route s'oriente au Sud-Ouest. Le château d'eau de Faycelles qui se détache à l'horizon peut servir de point de repère. Passer à proximité de Buffan (à droite), puis tout droit rejoindre le hameau de **La Cassagnole.**

## La Cassagnole à Faycelles    `3 km`  `45 mn`

*Faycelles :* 🛏️ 🛒 🍴 ☕ 🚌

Après **La Cassagnole**, deux embranchements en forme de fourche se présentent : prendre à chaque fois la route de droite. Traverser Ferrières.

**❸** Au carrefour suivant signalé par un grand calvaire, monter par la route de gauche (*50 m plus loin, à droite, pigeonnier au toit de lauzes face au château d'eau*). Rejoindre la D 21 et traverser la D 662 avant d'entrer dans **Faycelles**.

Au-dessus de Figeac, veillent deux énigmatiques aiguilles de pierre, dont la tradition locale fait remonter l'élévation au 12e siècle. L'une au sud sur le rebord du Cingle domine l'ancien chemin par lequel on arrivait de Toulouse. L'autre, à l'ouest de Figeac, se dresse en haut de la côte de Lissac, où passait peut-être le chemin primitif de Cahors par le Causse. Les deux aiguilles sont très semblables, excepté par leurs dimensions, la seconde étant moins élevée. D'environ 8 m de hauteur, ces obélisques de pierres maçonnées reposent sur un fût couronné par une corniche qui supporte une longue flèche octogonale. Diverses hypothèses ont été émises pour expliquer leur existence. Peut-être servaient-elles de bornes pour la sauveté (« salvetat ») de l'abbaye, marquant ainsi la limite de protection des personnes fuyant la justice, à moins qu'il ne s'agisse de « montjoies » pour les pèlerins au débouché de la forêt.

Vue aérienne de Figeac. *Photo J. Thomas/Zapa.*

## … et mégalithes

Si la Bretagne est aux yeux de tous le fief des mégalithes, le Quercy n'est pas en reste. On ignore souvent que le département du Lot est l'un des plus riches en dolmens, soit presque 500. Malheureusement, la plupart de ces monuments funéraires ont été, au cours des siècles dépossédés de leur table. Non loin de Béduer, se dresse le dolmen de Martignes dont on peut faire osciller la table sur une simple pression de la main. Plus avant sur le Chemin, Gréalou se distingue par ses nombreux mégalithes, dont un imposant dolmen au Pech Laglayre. L'ancienne croix de pierre qui l'accompagne aurait la faculté de se protéger contre l'apparition de revenants ou de lueurs nocturnes. La région de Limogne-en-Quercy s'enrichit de quelques-uns de ces tombeaux, dont l'un au bord du chemin entre Limogne et Varaire. Comme certains dolmens, il repose sur un tumulus, tertre de pierres et de terre supportant la table et recouvrant la chambre funéraire. Enfin, le canton de Lalbenque regroupe une vingtaine de dolmens parmi lesquels seuls cinq sont intégralement conservés.

Dolmen près de Limogne.
*Photo M. Wasielewski.*

## Le causse de Limogne

Parmi les causses karstiques du Quercy, le causse de Limogne étale au sud du Lot son grand plateau calcaire fissuré, plus aride encore que ses grands voisins : Gramat et Martel. Ici, l'eau des pluies s'infiltre au cœur des rochers pour former un véritable réseau de cours d'eau souterrains. C'est ainsi que se sont formés de pittoresques puits, les « igues », et de profonds gouffres comme celui de Lantouy aux environs de Cajarc. La région est riche en grottes dont certaines renferment des peintures murales. Royaume de la pierre, le causse de Limogne recèle également de multiples dolmens.

Entre les modestes forêts de chênes pubescents et de genévriers appelées ici « garrisades », s'étendent les « glèbes » : pacages de broussaille et d'herbe rase. Par endroits, les touffes d'herbe se glissent entre les plaques de pierrailles calcaires. Ailleurs, les landes de bruyères se mélangent aux essences diverses. Ici et là, broutent quelques troupeaux épars de chèvres et de moutons « à lunettes ». Disséminés, de petits édifices de pierre semblent se fondre dans le décor minéral.

Quelques cultures arbustives autorisées par le sol caussenard occupent l'horizon : vigne, chêne truffier, figuier, noyer. L'apparente solitude du causse cache une vie discrète au creux de ses hameaux, de ses fermes et de ses maisons fortes. Si le causse de Limogne manque de monuments d'envergure, moulins, puits et lavoirs pavés de dalles en « V » conservent le souvenir d'une activité rurale passée.

Le causse de Limogne (notamment la région de Lalbenque) abonde en croix de pierre, souvent monolithiques c'est-à-dire taillées dans un seul bloc. Érigées pour la plupart entre le 17e et le 19e siècle, elles étaient placées à la limite des domaines, aux carrefours ou encore à l'entrée d'un village. Les paysans cherchaient ainsi à se protéger des calamités pouvant s'abattre sur leurs récoltes ou leurs troupeaux. Autrefois, elles étaient l'objet de processions des Rogations durant trois jours précédant l'Ascension et décorées pour la circonstance.

## Faycelles au Mas de la Croix    `3,5 km` `50 mn`

Près d'une croix de pierre, le GR® 65 tourne à droite vers l'église de **Faycelles**.

En descendant tout droit par la route qui conduit au lavoir (eau potable), panorama sur Faycelles et la vallée du Lot.

Longer le flanc Sud de l'église et poursuivre sur une voie étroite, d'abord goudronnée puis herbeuse. Suivre ensuite la D 21 en direction de l'Ouest sur 2,3 km. Laisser sur la droite la route de Lascamp et continuer sur 50 m.

**4** Quitter la D 21 pour un chemin ombragé à gauche. Gagner en 300 m un carrefour.

> Hors GR pour la **ferme de la Planquette** : `0,5 km` `10 mn`
>
> 🏠
>
> Voir tracé en tirets sur la carte

Le GR® 65 emprunte à droite un sentier qui conduit à un carrefour de routes et chemins (oratoire) au lieudit **Mas de la Croix**.

## Mas de la Croix à Gréalou    `9 km` `2 h 15`

À Gréalou : 🏛 ✕ 🚌

➤ Point de départ du GR® 651, variante du GR® 65 qui parcourt la vallée du Célé.

> Hors GR pour **Béduer** : `0,5 km` `10 mn`
>
> ⛺ ✕ ( 🛒 restreint) ☕ 🚌

Suivre le GR® 651 qui emprunte la D 21 à gauche.

Au carrefour du **Mas de la Croix**, emprunter à gauche (Ouest) un chemin goudronné qui passe derrière et au-dessus du château de Béduer.

**5** Au carrefour suivant marqué d'une croix (*vue sur les vallées du Célé et du Drauzou*), tourner à gauche dans un sentier pierreux en montée qui s'élargit et traverse Pech Rougié. Dans un virage prononcé à droite, quitter le large chemin et suivre à gauche un chemin de causse. Descendre jusqu'à un puits et s'engager à droite sur un chemin herbeux.

**6** Rejoindre une route. Là, tourner à gauche puis à droite, et, au Mas de Surgues, à gauche sur un chemin. Le suivre tout droit. Laisser à gauche la ferme de Combe-Salgues et continuer sur 100 m.

**7** Au carrefour, prendre à droite un chemin creux (Sud-Ouest) passant au Nord de Pech Favard. Déboucher sur une route (D 38). L'emprunter à gauche sur 250 m.

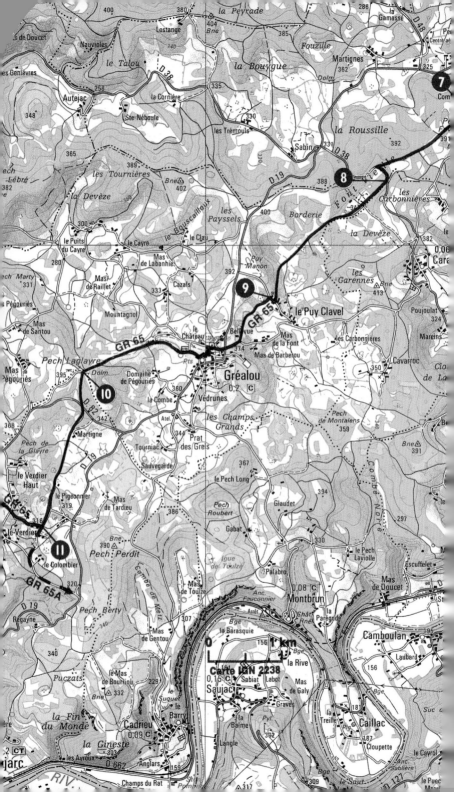

**8** Prendre à droite un chemin de terre qui se rétrécit en descendant à travers bois puis continue à découvert jusqu'à une route conduisant, à gauche, au hameau du Puy-Clavel. Emprunter la route à droite sur 100 m.

**9** S'engager à gauche sur un chemin sinueux qui plus loin aboutit à une route. La suivre à droite pour traverser la D 19. Laisser à droite un réservoir et prendre une rue à gauche puis à droite et entrer dans le village de **Gréalou**.

## Gréalou au Verdier 4 km 1 h

Eglise romane Notre-Dame-de-l'Assomption qui abrite une pieta du 17e et un bénitier historié en pierre sculptée de 1684.

Sur la place de l'église de **Gréalou**, face au calvaire, se diriger à droite pour prendre un chemin de terre longeant le mur du cimetière. Le chemin continue sur la crête et atteint un carrefour où se trouvent rassemblés, de part et d'autre du chemin, une croix de pierre (*réputée la plus vieille de la région*) et un dolmen.

▶ A 80 m à droite : autre dolmen.

**10** Le GR® 65 s'engage à gauche sur un chemin descendant (Sud). Couper la D 82 ; là, aller légèrement sur la gauche pour trouver un chemin bordé d'un mur de pierre. Le suivre en descente.
Peu après, laisser en contrebas la ferme Martigne ; passer un « clédo », couper un chemin. Un peu plus loin, atteindre un groupe de bâtiments dénommé Le Pigeonnier. Le chemin devient goudronné et arrive à un carrefour (316 m) dans le hameau du **Verdier**.

Dolmen. *Photo A. Kumurdjian/Zapa.*

Séparation des stigmates du crocus (safran). *Photo P. Roy/Zapa.*

Il semble que le safran ait été introduit en Quercy au Moyen Age, cultivé notamment au prieuré d'Espagnac-Sainte-Eulalie dès la fin du 13e siècle. Si la production accuse une chute importante à la fin du 18e siècle, elle n'a jamais complètement disparu du Quercy, toujours présente en quelques coins de jardin. Aujourd'hui, la production repart et la fleur légendaire est cultivée en diverses communes quercynoises dont Gréalou, Cajarc, Saint-Cirq-Lapopie. La floraison dure approximativement trois semaines entre octobre et novembre. C'est au cours de cette période que les fleurs à peine épanouies se cueillent chaque matin à la main. Il faut ensuite détacher les stigmates de l'enveloppe florale, puis procéder au séchage dans un four électrique où ils perdent les quatre cinquièmes de leur poids. Cette fleur légendaire, qui permet de colorer cent mille fois son volume d'eau, servait jadis à teindre les étoffes. Par ailleurs, le safran possède des vertus médicinales, stimulant la digestion, calmant, voire aphrodisiaque. Enfin, son arôme doux et puissant lui a valu, depuis le Moyen Age, d'entrer dans la composition de plats traditionnels du Quercy notamment.

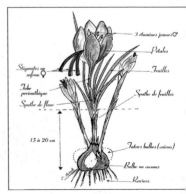

*Document Chambre d'agriculture du Lot.*

Sur les causses arides du Quercy, on croise encore quelques troupeaux de brebis aux yeux cerclés de noir : les « brebis à lunettes ». Descendant en droite ligne de la caussenarde du Lot, l'agneau fermier du Quercy a bénéficié en 1982 de la première labellisation ovine en France. Nourri au lait « sous la mère » et aux céréales, selon des critères d'élevage et d'alimentation traditionnels, l'agneau du Lot développe une chair rosée et tendre qui fait sa spécificité. Par le biais du lait maternel, les herbages des causses sauvages confèrent à sa viande un goût discret et subtil.

## Fricassée d'agneau fermier du Quercy au safran
Pour 4 personnes

*Ingrédients*
800 g d'épaule d'agneau
   ou gigot désossé
1 oignon
3 tomates mûres
15 cl de vin blanc sec
50 cl de bouillon
   de volaille
   ou de veau clair
20 olives vertes
3 gousses d'ail,
   bouquet garni,
   sel, poivre
1 pincée de pistils
   de safran
   (selon votre goût)

*Préparation*
Faire parer l'agneau désossé par votre boucher, détailler en cubes de 30 à 40 g, faire rissoler dans une poêle, dans l'huile très chaude, colorer sur toutes les faces. Saler, poivrer modérément, réserver dans une petite cocotte en fonte. Dans la même poêle, faire blondir l'oignon coupé très fin, puis ajouter les gousses d'ail écrasées et verser dans la cocotte sur les morceaux. Saupoudrer de farine tout en remuant pour que la farine enrobe bien l'agneau. Mouiller avec le vin blanc et le bouillon de volaille, ajouter le bouquet garni. Faire partir à feu vif jusqu'à ébullition et laisser mijoter pendant environ 45 minutes. Pendant ce temps, préparer les tomates mondées, épépinées, grossièrement hachées, les ajouter à l'agneau 10 minutes avant la fin de la cuisson. Dénoyauter les olives, les blanchir à l'eau bouillante, les ajouter en fin de préparation. Vérifier l'assaisonnement et ajouter les pistils de safran. Laisser mitonner encore quelques minutes, la sauce doit bien napper les morceaux, puis servir très chaud avec un riz pilaf.

*D'après une recette de René Momméjac.*

Agneaux du Quercy. *Photo CDT Lot.*

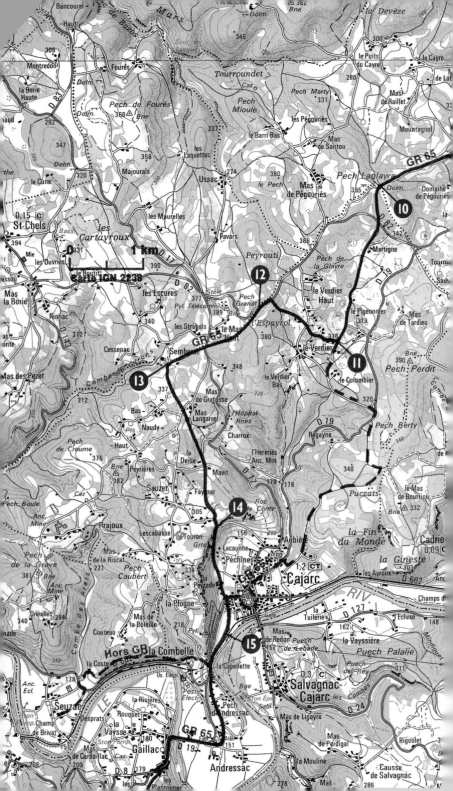

*A Cajarc :* ⌂ ▦ ⅄ 🛒 ✗ ☕ ⓘ 🚌

## Variante GR® 65A du Verdier à Cajarc `6 km` `1 h 30`

Au Verdier, continuer tout droit (Sud) sur le chemin goudronné, puis emprunter à gauche une route pour rejoindre la D 19. La suivre à droite ; 50 m plus loin, s'engager à gauche sur un chemin herbeux bordé de murs de pierre. Après 500 m, le chemin tourne à gauche à angle droit, parcourt 200 m vers l'Est puis au Sud-Ouest. Le chemin caillouteux descend. Suivre à gauche la D 19 jusqu'à l'entrée de Cajarc et tourner à gauche. Le balisage du GR® 65A permet de faire le tour de la ville par le boulevard circulaire. Jonction avec le GR® 65 à l'Ouest de la ville.

**11** Au carrefour, le GR® 65 emprunte à droite le chemin goudronné. Couper une route (croix). Le chemin monte jusqu'à une route. La suivre à gauche sur 150 m.

**12** S'engager à gauche sur un chemin de crête. Déboucher sur une route. La couper pour prendre un chemin qui descend.

**13** Atteindre un chemin (*bâtiment à gauche*). Le suivre à gauche. Couper une route (croix). Continuer en face entre des murettes. Couper une route et atteindre un chemin goudronné. Le prendre à gauche sur 100 m (*vue sur Cajarc*).

**14** S'engager à droite le long de la falaise, sur un chemin descendant vers le village. Passe près d'une grotte (*descente dangereuse*) ; laisser un sentier montant à droite. Tourner à droite sur un chemin herbeux ; après une carrière, déboucher sur la D 662. L'emprunter à gauche jusqu'à un carrefour à l'entrée Ouest de **Cajarc**.

## Cajarc à Gaillac `4 km` `1 h`

Cajarc, située dans un cirque de falaises calcaires, était un relais très fréquenté par les pèlerins de Saint-Jacques. Un pont fut construit sur le Lot en 1320 ; un hôpital existait déjà en 1269, il est cité de nombreuses fois dans les textes.

Le GR® 65 ne pénètre pas dans **Cajarc**, mais à l'entrée Ouest de la ville. Quitter la D 662 pour s'engager à droite dans une rue qui aboutit face à un passage sous la voie ferrée.

**15** Ne pas passer dessous mais la longer à droite et avant un second passage sous la voie ferrée, tourner à droite sur un sentier au milieu d'un potager, puis grimper jusqu'à la D 662. L'emprunter à gauche sur 250 m.

À gauche de la route : chapelle de la Madeleine (12e) ; elle dépendait d'une léproserie qui donnait l'hospitalité aux voyageurs avant la traversée du causse. Vue sur Cajarc.

Hors GR pour **Seuzac** : `2,5 km` `40 mn`
⌂ (*ferme équestre*)

Prendre tout droit, en laissant un calvaire à droite, la route vers Andressac ; 1 km plus loin, tourner à droite et traverser le Lot. Suivre la route à gauche pour monter à Gaillac.

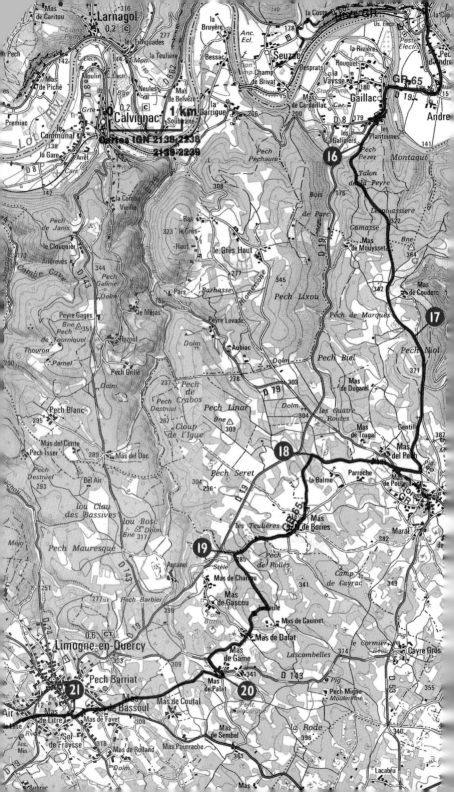

## e Gaillac à la D 79 `6 km` `1 h 30`

▶ Ici commence la traversée du causse de Limogne. Se munir d'eau.

A l'entrée de **Gaillac**, s'engager sur un sentier grimpant à une route. La suivre en face.

**16** Continuer par un chemin montant dans les bois. *Bien suivre le balisage.* Le GR® s'oriente Sud-Est puis Sud en laissant à gauche le pech le plus élevé (364 m). Arriver près du mas de Couderc. Parcourir 400 m au Sud-Est sur le chemin d'accès à ce mas.

**17** Avant le sommet du pech Niol, continuer tout droit sur la route sur 1,3 km. Au carrefour *(croix)*, prendre le chemin de droite qui descend doucement jusqu'à une fontaine *(point d'eau)*. Continuer tout droit et rejoindre la route. L'emprunter à droite sur 600 m et arriver à la **D 79.**

Hors GR pour **Saint-Jean-de-Laur** : `0,5 km` `10 mn`

🚌

Prendre la D 79 à gauche jusqu'à Saint-Jean-de-Laur.

## e La D 79 à Limogne-en-Quercy `8 km` `2 h`

*A Limogne-en-Quercy :* 🏠 🛏 🎣 🛒 ✕ 🍷 🚌 ℹ️

Traverser la **D 79** et prendre en face un chemin. Continuer tout droit ; 900 m plus loin, laisser un premier chemin à gauche puis un second à droite.

**18** A l'intersection suivante, s'engager à gauche sur un chemin aboutissant à une route. L'emprunter à droite. Passer au mas des Bories ; poursuivre sur la route ; déboucher sur une aire de repos.

**19** S'engager à gauche sur un chemin montant en lisière d'un bois, puis pénétrer dans le bois. Tourner à droite pour passer au mas de la Teule et descendre au mas de Dalat. Couper une route (croix) et continuer en face sur 150 m ; à l'endroit où la route vire à gauche, prendre à droite un chemin sinueux qui passe près d'une « gariotte » et rejoint la D 143. L'emprunter à gauche jusqu'au mas de Palat.

**20** A la première ferme visible en contrebas de la route, prendre le premier chemin à droite, puis encore à droite (Ouest) le long du mur de la ferme. Le chemin oblique à gauche, descend à une zone cultivée puis remonte dans une partie boisée. Laisser à gauche un premier chemin et s'engager dans le second entre deux murettes pour descendre à la D 911. La couper. Continuer en face. Obliquer dans la rue à gauche. Entrer dans Mas-de-Bassoul et aboutir sur la route D 24. La suivre à droite sur 50 m *(lavoir typique du causse de Limogne)*. Le GR® tourne à gauche, mais n'entre pas dans **Limogne-en-Quercy.**

Limogne-en-Quercy était un carrefour qui, sur le causse, drainait le passage de tous les pèlerins. En 1438, le passage par Limogne était obligatoire pour se rendre de Cajarc à Saint-Cirq-Lapopie, car la vallée du Lot, avec ses méandres, n'était pas praticable.

Le GR® n'entre pas dans le centre de **Limogne-en-Quercy**. Parcourir 50 m sur la D 24.

**21** S'engager à gauche sur un chemin face au lavoir, couper la D 19 et continuer en face (croix de pierre) sur un chemin à travers bois.

▶ 1 km après la D 19, à droite (panneau) : sentier d'accès à un dolmen sur tumulus (*balisage : points rouges ; chemin privé : refermer la clôture*).

Atteindre un chemin carrossable et le laisser sur la gauche ; plus loin, laisser à droite une route. Passer devant une des fermes de Ferrières-Bas (*vente de cabécous*). A l'intersection suivante, laisser un chemin à droite (*croix*) ; poursuivre sur la route 250 m jusqu'à un embranchement.

**22** Prendre le chemin à droite. Le quitter après 300 m pour un sentier à droite peu marqué. Franchir deux barrières (*ne pas oublier de les refermer*), puis rejoindre une combe. Emprunter un chemin bordé de murettes qui remonte dans les bois ; 1 km plus loin, traverser une route (privée). Poursuivre jusqu'à une autre route. Le GR® suit la route sur 75 m et continue tout droit par un chemin sur 200 m.

**23** Tourner à gauche et parcourir 1,5 km sur le causse avant de déboucher à une intersection de deux routes. Laisser à droite l'accès à Pech Coinière et parcourir encore 150 m vers le Sud pour atteindre le **carrefour avec le GR® 65 B**.

**⬛ carrefour avec le GR® 65B à La Plane** | 1 km | 15 mn |

## Variante GR® 65B par Varaire | 7 km | 1 h 45 |

A Varaire : 🏠 ✕ 🍺 🛒 🚌

Cette variante va rejoindre, au Sud-Ouest de Varaire, le *Cami Gasco*, prolongement du *Cami Ferrat*, qu'elle emprunte sur 5 km avant de retrouver le GR® 65, au lieudit Gagnoullet (repère **28** ; *voir tracé en tirets sur la carte*).

La limite Sud de Varaire fut formée par un très vieux chemin appelé le *Cami Gasco*.
En 1561, existaient deux auberges où pouvaient s'arrêter les voyageurs.
Dès le 13e, un hôpital avec une église connu sous le nom de Saint-Jacques-de-Peyronèse accueillait les pèlerins ; encore aujourd'hui, au bord de la voie romaine,
on trouve une croix sur un muret qui en marque l'emplacement et que les villageois
appellent la croix de Pétronille.
A voir : lac-lavoir du causse (Escabasse) ; dolmen au bord de la D 55 (5 mn).

**24** Du **carrefour avec le GR® 65B**, le GR® 65 tourne à droite dans un chemin qui débouche 400 m après sur une route conduisant aux premières maisons de **La Plane**.

## e La Plane aux Bories-Basses  `4 km`  `1 h`

A **La Plane**, traverser la D 52 et 100 m plus loin, arriver à une intersection.

▶ Jonction avec les GR® 36-46. Parcours commun avec le GR® 65 jusqu'au lieudit Les Bories-Basses (repère **27**).

**25** Suivre le large chemin en direction de l'Ouest sur 1,3 km.

▶ Par le chemin à droite (300 m) : hameau abandonné de La Coste (*maison quercynoise de 1774 à toit de lauzes, à bolet et à soleilho*).

Continuer sur le chemin caussenard (*gariotte*). Il descend (*puits « cazelle »*) et franchit un ruisseau généralement à sec.

**26** S'orienter ensuite au Sud-Ouest. Arriver à un carrefour près d'une maison isolée au lieudit **Les Bories-Basses**.

## es Bories-Basses à Bach  `1 km`  `15 mn`

A Bach : 🚌

▶ Séparation des GR® 36-46 qui partent à droite vers Concots.

**27** Aux **Bories-Basses**, le GR® 65 continue tout droit sur la route, passe au Mas de Dégot puis au Mas de Gaston. Laisser à droite une route et entrer dans **Bach**.

## e Bach au Mas de Vers (ou Mas d'Abert)  `9 km`  `2 h 15`

Le nom de Bach est dû à l'implantation au 18e d'une famille allemande.

A **Bach**, emprunter une route vers Caussade ; 600 m plus loin s'engager à droite dans un chemin herbeux aboutissant à la voie romaine appelée *Cami Ferrat*.

▶ Jonction avec la variante GR® 65B venant de Varaire.

**28** Le GR® 65 emprunte sur 15 km le *Cami Ferrat*.

La longue définition que Raymond Oursel donne du pèlerinage rend compte des divers motifs de départ : la pure spiritualité, l'exécution d'une peine ou bien encore la quête du miracle. Seul le pèlerinage pour le compte d'autrui est omis.

Laissons de côté la démarche de pure spiritualité, dont il serait assez vain de vouloir rendre compte avec des mots...

Hier, comme de nos jours, le départ est souvent lié à une demande présentée au saint que l'on se propose de vénérer, la plus fréquente étant celle du miracle de guérison. Les « Livres des miracles », composés au Moyen Age, recèlent ainsi une foule d'exemples de miracles accomplis par la Vierge ou les saints en faveur de leurs fidèles : le Bréviaire d'Anne de Prie (15e siècle) nous montre, sur une magnifique miniature, des infirmes habillés en pèlerins priant devant la châsse de sainte Radegonde. Chaque sanctuaire était peu ou prou spécialisé dans la guérison d'une maladie ou l'accomplissement d'un type de miracle particulier comme la libération des captifs (saint Léonard) ou le sauvetage des marins en péril (Notre-Dame de Rocamadour, entre autres) par exemple. Les ex-voto surchargeant les murs de ces églises en portent témoignage : figurations de membres guéris et de chaînes brisées, représentations de navires dans la tempête... Pareille quête est souvent

encore la cause du départ en pèlerinage à l'époque contemporaine. Lourdes en est un bel exemple.

En revanche, il y avait bien d'autres motifs de départ qui ont aujourd'hui disparu mais qui ne cessent de nous surprendre.

Ainsi en allait-il des pèlerinages judiciaires : une juridiction (laïque et non point ecclésiastique car le pèlerinage comme pénitence se concevait fort bien) pouvait infliger un

Saint Jacques et ses apôtres. *Photo Lauros/Giraudon.*

pèlerinage à titre de sanction pénale. C'était notamment le cas pour des crimes non intentionnels ou, pour le moins, méritant de larges circonstances atténuantes ou encore étant justifiés par la légitime défense.

Les Pénitentiels médiévaux ou le concile de Clermont de 1150 en attestent : les incendiaires devaient demander leur pardon à Jérusalem ou Saint-Jacques-de-Compostelle, puis demeurer un an dans ces villes. Impossible de dire si la distance à parcourir était proportionnelle à la faute : c'est plutôt dans les conditions d'exécution du pèlerinage (pieds nus, sans chemise...) que l'on discerne si le juge a voulu mettre « le prix fort ». En de telles hypothèses, le pardon des hommes se traduisait par une absence de peine, mais devait cependant être conforté par celui de Dieu qui s'obtenait au terme de la démarche pèlerine. Les exemples en sont nombreux dans la jurisprudence des juridictions flamandes pendant tout le Moyen Age classique ainsi que dans les lettres de rémission de peines accordées par le roi de France, principalement

Pèlerins priant devant la statue de saint Jacques.
*Photo Lauros/Giraudon.*

au 14e siècle. Il faut signaler (pour atténuer ce qui vient d'être affirmé sur la disparition de pareille motivation) que la tradition est reprise, depuis peu, aux Pays-Bas, où une association de réinsertion de mineurs délinquants se charge d'accompagner ces derniers, condamnés à accomplir un pèlerinage (quelquefois Compostelle). De tels passages ont été notés à Roncevaux ces dernières années.

Ainsi en allait-il aussi des pèlerinages effectués pour le compte d'autrui. Il pouvait s'agir de pèlerinages testamentaires qu'un héritier devait accomplir au nom d'un testateur qui n'avait pas été en mesure de s'acquitter de son vœu de son vivant. Il pouvait également s'agir d'un pèlerinage, accompli, à titre onéreux, pour le compte d'une tierce personne qui s'était trouvée dans l'incapacité d'exécuter le voyage elle-même pour les raisons les plus diverses : la comtesse Mahaut d'Artois, fidèle dévote de saint Jacques, recourut à plusieurs reprises à ce procédé du pèlerinage dit « vicaire ».

Le Moyen Age, réputé pour être une période de foi intense, était, somme toute, plus accommodant que nous ne le sommes !

Le *Cami Ferrat* est une ancienne voie de communication qui évite les lieux d'implantation humaine, d'où son relatif oubli. Cette voie assurait la liaison Cahors-Caylus lorsque les deux villes commerçaient entre elles. On y retrouve par endroits de grandes dalles de pierre sous la couche de terre. Le pèlerin dédaignait cette voie dont l'entretien était souvent défectueux et dont la solitude était propice aux embuscades. Il lui était difficile d'y trouver ravitaillement, logis et lieux de prière.

Traverser la D 42 (Escamps - Vaylats).

**29** Franchir le ruisseau des Valses.

**30** Couper la D 55. Atteindre la D 26 et **Le Mas de Vers** (ou Mas d'Abert).

## Mas de Vers à la route du Pech     `5 km`   `1 h 15`  

Des fouilles ont mis à jour des sarcophages gallo-romains à proximité de la voie.

Le GR® continue en face (Nord-Ouest) sur le *Cami Ferrat*.

**31** Couper une route puis la D 10. Le *Cami Ferrat* descend jusqu'à un lavoir (*fontaine d'Outriols*), puis il emprunte à gauche une route jusqu'à un pont sur le ruisseau de Cieurac (*sur la colline en face, moulin à vent de Cieurac*).

**32** Ne pas franchir le pont mais tourner à droite sur la **route du Pech**.

## la route du Pech à Cahors     `12 km`   `3 h`  

Cahors : ▢ ▦ ▨ 🏃 🛒 ✗ ▄ ⓘ ▭ ▯

Hors GR pour **Le Pech** :   `1 km`   `15 mn`

Quitter **la route du Pech** à l'endroit où elle vire à droite et s'engager à gauche sur un chemin longeant le ruisseau. Passer devant deux moulins. Peu après, prendre à gauche un *caminol* franchissant le ruisseau de Cieurac, puis suivre à droite un chemin. Rejoindre la D 49, l'emprunter à gauche sur 400 m, tourner à droite sur la D 6. Passer sous l'autoroute et rejoindre le Gariat.

**33** Au Gariat, s'engager à droite d'un bâtiment sur un terrain vague. Suivre la ligne DFCI jusqu'à un chemin. L'emprunter sur 500 m. A une fourche, obliquer sur le sentier à gauche.

**34** En arrivant sur le plateau, couper une route menant à droite au village de Flaujac-Poujols. Redescendre dans une combe par le chemin de Pech-Longuet (*descente dangereuse en VTT*).

Marché aux truffes de Lalbenque.
*Photo F. Ducasse/Zapa.*

Riche en produits de terroir et de tradition, le Quercy entretient une culture gastronomique aux multiples facettes qu'il serait dommage d'ignorer lorsque l'on parcourt la région. La fructification souterraine d'un mycélium, produisant la truffe à l'ombre d'un arbre truffier, chêne ou noisetier, constitue un mystère non encore élucidé par les biologistes. Celle qu'on appelle à juste titre « le diamant noir du Quercy » est un champignon noir très parfumé pour lequel les sols calcaires des causses du Quercy et du Périgord sont un terrain de prédilection. Très sensible aux conditions climatiques, la truffe supporte aussi mal les chaleurs excessives que les pluies trop abondantes. Pour dénicher ces joyaux enterrés à une profondeur de cinq à vingt centimètres, le cochon est longtemps resté le meilleur ami du trufficulteur. Reniflant la truffe et la déterrant à l'aide de son groin, il est cependant difficile à contenir avant qu'il ne s'empare du précieux butin. Si quelques dizaines de familles l'utilisent encore dans la région de Lalbenque, il est de plus en plus souvent remplacé par le chien, plus distrait mais plus docile. Chaque mardi après-midi, de novembre à mars, se tient à Lalbenque le plus important marché aux truffes du Lot, attirant une centaine de trufficulteurs venus de tout le Quercy. Les marchés lotois, où figurent également Limogne et Cahors, sont réputés les mieux fournis du pays en quantité et en qualité. Véritable rendez-vous d'initiés, le marché aux truffes entretient ses rites ancestraux. Les ventes s'effectuent dans la plus grande discrétion, aucune facture ne circule, on paie toujours comptant et en liquide. Ayant réussi à conserver son statut de produit de cueillette sauvage, il échappe à toute TVA. Le cours de la truffe oscille en fonction de l'offre et de la demande et peut varier du simple au double durant la même saison. Depuis quelques années, le diamant noir devient si rare et si demandé qu'il atteint des sommes faramineuses. Plus encore si les pays voisins producteurs comme l'Espagne ou l'Italie accusent une mauvaise année.

## Le chèvre des causses

e chèvre de Rocamadour. *Photo CDT Lot.*

es premières traces écrites oncernant ce petit fromage rond pur hèvre appelé « cabécou », remontent 1451, alors qu'il était utilisé comme aleur de métayage et d'impôt. Cinq ècles plus tard, en 1996, celui qu'on ppelle désormais rocamadour (situé u cœur de la zone de production) btient l'Appellation d'Origine ontrôlée, privilège d'une trentaine e fromages français seulement. Le urnal Officiel le décrit comme « un lindre de forme aplatie de 35 grammes environ » dont la « peau est solidaire, striée, légèrement veloutée ». L'aire d'appellation regroupe l'ensemble des communes des causses du Quercy, terrains calcaires propices à l'élevage caprin. L'herbe des causses de Gramat ou de Limogne, dont se nourrissent les troupeaux de chèvres Alpine ou Saanen, donne au cabécou un goût mi-aigre mi-acide qui se marie harmonieusement avec un cahors de trois ou quatre ans.

**35** A la fin de la combe de Pech-Longuet, déboucher sur la route aux dernières maisons du village de Flaujac-Poujols qu'il faut laisser à droite pour suivre plein Ouest un chemin dans une combe ; 1 km plus loin, à deux fourches successives emprunter le chemin de droite. Le dernier grimpe vers La Quintarde. Contourner le hameau pour rejoindre la D 6. La suivre à droite. A l'embranchement, continuer sur la route de droite quelques mètres.

**36** A une croix, tourner à gauche pour couper un virage de la route et rejoindre celle-ci. La traverser pour continuer en face sur un chemin de terre parcourant une crête. Laissant une propriété sur la gauche, prendre à droite la petite route qui descend vers la vallée du Lot.

**37** Au lieudit Saint-Georges, tourner à gauche pour passer sous la voie ferrée ; arriver à l'entrée Sud de la ville de **Cahors**.

▶ Le GR® n'entre pas dans la ville ; pour gagner le cœur de la cité, traverser le Lot sur le pont Louis-Philippe.

▶ Jonction avec le GR® 36 qui vient du Nord-Est du Mont-Saint-Cyr (topo-guide des GR® 36-46 *Tour des Gorges de l'Aveyron*). Les GR® 65 et 36 ont un parcours commun jusqu'au pont Valentré.

# Cahors

La ville conserve de nombreuses traces du passé : la tour de Jean XXII (fin du 13e siècle), la tour des Pendus (14e siècle), la tour du château du Roi (14e siècle), le pont Valentré (14e siècle), le palais du frère de Jean XXII (14e siècle), la maison de Roaldès (14e siècle) et l'ancien hôpital de la Grossa du 13e siècle.
La cathédrale Saint-Etienne datant des 11e et 12e siècle a des allures de forteresse, mais conserve, à l'intérieur, des peintures murales, les absides décorées et des fresques dans la salle du chapitre cathédral.
Le cloître du 15e siècle expose une sculpture d'un petit pèlerin qui semble se quereller violemment avec un personnage non identifié qui lui fait face. La chapelle Saint-Gausbert est dans ce cloître.
Il y avait autrefois à Cahors quatre hôpitaux, dont l'hôpital Saint-Jacques,

ainsi qu'une chapelle Saint-Jacques-des-Pénitents.

Le marché de Cahors se tient tous les mercredis matins, sur le parvis de la cathédrale.
Vous aurez rendez-vous avec les petits producteurs, notamment de fromages régionaux (rocamadour AOC, foumatjou de vache, tomme du pays pour truffade ou aligot, gaperon d'Auvergne). A proximité, la halle couverte accueille les chalands tous les jours de la semaine, sauf le lundi. Idéal pour s'offrir truffe ou foie gras.
Également cous de canards farcis, manchons de canard, fricandeaux, fritons de canard, rillettes d'oie, vinaigre de noix, sans oublier le fameux agneau fermier du Quercy.
Le printemps de Cahors a lieu chaque année, pour la fête de la photo et de la vidéo, habituellement fin mai début juin.

Vins de Cahors.
*Photo D. Lelann/Zapa.*

L'apparition du vin en Quercy remonterait à l'époque gallo-romaine. Adopté au 18e siècle comme vin de messe par l'Eglise orthodoxe, le *Caorskoié vino* devient « vin des papes » dès 1325, lorsque Jean XXII l'introduit en Avignon, et par la suite, « vin des tsars ». Vers 1865, le phylloxera détruit la quasi-totalité du vignoble. Entre les deux guerres, quelques irréductibles décident de faire renaître le cahors en misant sur les cépages les plus résistants. En 1971, le vin obtient son appellation, soutenu notamment par Georges Pompidou. Aujourd'hui, les 4 000 hectares de l'aire d'appellation se partagent la vallée du Lot et les plateaux voisins, répartis sur trois terrasses aux terroirs complémentaires. Des tentatives de reconstitution sont également entreprises sur les causses comme autrefois.

C'est le cépage cot noir ou auxerrois, cépage de base très ancien qu'on ne trouve nulle part ailleurs, qui confère toute sa personnalité au vin de Cahors. A la fois tannique, puissant en bouche et d'une grande subtilité aromatique, le « vin noir » se distingue par sa robe sombre et par son goût de baie sauvage, voire de truffe. Ce cépage principal est complété par le merlot noir et le tannat. Les cahors des meilleures années peuvent être conservés plus de quinze ans en cave ; ils accompagnent à merveille truffes, viandes rouges et gibiers. Légers et fruités, les millésimés plus jeunes s'accordent bien avec le foie gras, les viandes en sauce et les charcuteries.

## La barrique perpétuelle

Selon une vieille tradition de la région de Cahors, un fût de vin est mis de côté lors d'une récolte particulièrement bonne. Au bout de quelques années, une partie du vin conservé est mise en bouteille, tandis que le reste du fût est complété par la nouvelle récolte. On renouvelle l'opération périodiquement, et le fût se transforme en « barrique perpétuelle ».

Fûts de vin de Cahors.
*Photo F. Ducasse/Zapa.*

Le pont Valentré à Cahors. *Photo F. Ducasse/Zapa.*

Le pont Valentré de Cahors est à l'origine d'une légende ancienne, récit parmi les plus populaires qui soit parvenu jusqu'à nous à travers les siècles depuis l'époque des troubadours. Au début du 14e siècle, les consuls de Cahors décident de doter la ville d'un nouveau pont à huit arches et trois tours de 40 m. Le chantier est long et difficile, les travaux s'éternisent et le maître-maçon désespère de finir l'ouvrage à temps. On raconte alors qu'il se trouve contraint de pactiser avec le diable, qui en échange de son âme, s'engage à terminer la construction. Voyant que l'édifice est sur le point d'être achevé et voulant sauver son âme, le maçon commande au Malin d'aller quérir à la source des Chartreux l'eau nécessaire aux travaux dans un crible. Forcé de déclarer forfait, le diable, pour se venger, ôta une pierre à la tour centrale sur laquelle il jeta un sort. Sitôt replacée, la pierre se détachait de la tour. Lors de travaux de restauration du pont Valentré entrepris en 1879, l'architecte Paul Gout constata qu'une pierre manquait toujours. Il eut l'idée de faire combler l'emplacement vide avec une pierre sculptée d'un diablotin. Aujourd'hui encore, on peut le voir au sommet de la tour centrale, agrippé pour l'éternité à la pierre d'angle qu'il tente vainement d'arracher.

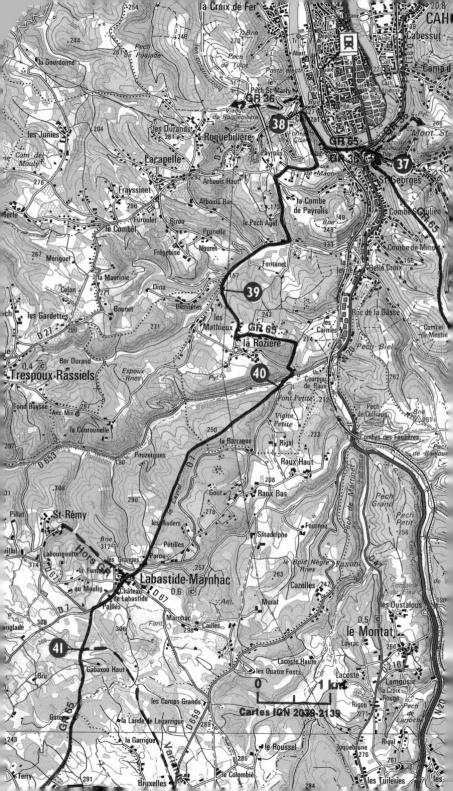

*A Cahors :* ▢ ▦ ⛱ 🏕 🛒 ✗ ⅰ ☕ 🚌 🚉

Le GR® rejoint l'ancienne N 20 et la traverse. Passer à côté d'un hôtel ; suivre alors le Lot rive gauche sur le chemin de halage goudronné. Passer sous le pont métallique de la voie ferrée puis devant la fontaine des Chartreux *(résurgence)*.

▶ Séparation du GR® 36 qui continue tout droit sur la route et se dirige vers Luzech et Bonaguil (topo-guide du GR® 36 *Traversée du Périgord*).

▶ Autre possibilité : passer devant le pont Valentré et suivre la première route à gauche, entre les maisons. Suivre le balisage orange *(équestre)*, puis prendre la route à gauche qui monte et rejoint le GR® 65 sur le plateau.

**38** Juste avant le pont Valentré, prendre un sentier qui monte en bordure de la falaise *(au milieu, un passage aménagé avec des poignées pour se hisser)* et arrive sur le plateau *(vue sur le pont Valentré et Cahors)*. Suivre le balisage et gagner la **croix de Magne**.

## la croix de Magne à La Rozière    `4 km`  `I h`  ▬

De la croix de Magne, vue sur Cahors et les environs.

Descendre de **la croix de Magne** par des routes goudronnées jusqu'à la déviation de la N 20 de Cahors ; la franchir par un passage souterrain. Suivre la route de Fontanet-les-Mathieux à gauche.

**39** Dans un virage à gauche, monter sur un chemin castiné : le Chemin de Combe de Nègre. Il devient goudronné pour arriver à proximité de **La Rozière**.

## La Rozière à Labastide-Marnhac    `5 km`  `I h I5`  ▬

À Labastide-Marnhac : 🏕 *(à la ferme)* 🚌

Avant **La Rozière**, suivre à gauche la route en direction du lieudit Al-Cayrou. A la croix, suivre la route qui devient sente, puis chemin sur la droite après une forte descente et, par une petite route arriver à la D 653. L'emprunter à droite, puis bifirquer sur la D 7. Passer le pont et continuer sur 10 m.

**40** Obliquer à droite pour monter sur le causse à travers bois ; 3 km plus loin, traverser un carrefour important pour entrer dans **Labastide-Marnhac**.

Il existait là un hôpital pour les pèlerins fondé par le baron Guilhamon de Jean vers 1286. L'église ne présente pas un intérêt particulier. En revanche, on peut flâner dans le village et voir la chapelle Saint-Rémy.

## Labastide-Marnhac au carrefour 1 km 15 mn

Hors GR pour **Saint-Rémy** : 2 km 30 mn

Face à l'église de Labastide, s'engager à droite sur un chemin descendant dans une combe, remonter vers l'église de Saint-Rémy.
Ancien hôpital fondé en 1286 pour les pèlerins de Compostelle.

Possibilité de rejoindre le GR® par la D 67 ou le même chemin.

Sortir de **Labastide** par la D 7, la quitter à gauche à 200 m pour une route empierrée. Atteindre un **carrefour**.

## Variante par L'Hospitalet 5 km 1 h 15

A L'Hospitalet : 🛏 ⛺ 🚌
Aux Tuileries (à 4 km à l'Est de L'Hospitalet par Granuéjouls, puis Le Montat) : 🛏

Tourner à gauche. Parcourir le plateau sur un bon chemin jusqu'à la D 959 puis à droite jusqu'à l'église.

Le chœur de l'église de L'Hospitalet est le vestige d'un oratoire fondé en 1095.

Pour rejoindre le GR® 65 au repère **42** : tourner à droite et suivre la route sur 2 km.

## carrefour à la route de L'Hospitalet 3 km 45 mn

**41** Au **carrefour**, le GR® continue tout droit, passe près de la maison Gâteau (restaurée) et rejoint la **route de L'Hospitalet**.

## la route de L'Hospitalet à Baffalie 7 km 1 h 45

**42** Suivre la **route de L'Hospitalet** à droite, en direction de Fabre, puis prendre un large chemin qui suit la crête sur 6 km environ, longeant approximativement le vieux chemin de L'Hospitalet à Lascabanes. Les points de repère sont : à droite, la ferme de Combe Fourcade, à 1,2 km environ puis, après un mamelon (271 m), le hameau de Gaussères à droite. Passer au pied du Pech del Clerc (279 m).

**43** Descendre dans la vallée au hameau de **Baffalie**.

## Baffalie à Lascabanes 2 km 30 mn

Lascabanes : 🏠 ( 🛒 au gîte) 🚌

Quitter **Baffalie**. Avant un pont sur le ruisseau Verdanson, tourner à gauche dans un chemin parmi des cultures. Longer un ancien lavoir puis une propriété. A une croix de pierre, tourner à droite et entrer dans **Lascabanes**.

L'église de L'Hospitalet. *Photo M. Wasielewski.*

C'est entre 1095 (selon le chroniqueur Fouilhac, suivi par l'historien quercynois G. Lacoste) et le milieu du 13e siècle, que Dame Hélène (de Castelnau) et sa suivante, s'étant embourbées avec leurs montures dans un « fangas », au fond d'un vallon, crurent ne pas pouvoir se dégager. Dame Hélène fit alors le vœu, si elles parvenaient à se sortir de ce mauvais pas, de se consacrer aux soins des pauvres et des pèlerins. Ayant pu regagner la terre ferme, elle s'acquitta de son vœu.

C'est là l'origine de l'hôpital Saint-Jacques de l'Hospitalet, dit « de Dame Hélène », situé quelque peu au sud de Cahors, au carrefour du chemin venant de cette ville et se dirigeant vers Moissac (par Castelnau-Montratier et la vallée du Lembous ou par La Capelette de Durfort) et de l'ancienne voie romaine venant de Varaire et Granéjouls où se trouvait aussi un autre hôpital qui lui fut uni en 1246.

C'était un petit hôpital le long duquel s'étira ultérieurement la bourgade. De cet établissement, il ne reste plus trace, sauf une arcade enchâssée dans un mur qui pourrait être un vestige de la chapelle. On ne connaît même pas son emplacement exact.

Un testament du 15 août 1566 apporte quelques précisions : la « Maison-Dieu de l'Hospitalet » (dite de « la fondation de saint Jacques ») est gratifiée d'un legs de terres « pour l'entretenement des dix pauvres de Dieu tant de l'Hospitalet de Granéjouls et autres passans et repassans ». Il s'agit donc d'un hôpital de capacité modeste. Rien d'étonnant à cela, d'autres sont proches, à commencer par les hôpitaux de Cahors.

Au 17e siècle, le vocable de saint Jacques est solidement attaché à cette maison (nommée usuellement « commanderie de l'Hospitalet ou de l'hôpital saint Jacques dudit lieu de l'Hospitalet ») tandis que son annexe de Granéjouls est présentée comme spécialement destinée aux pèlerins de Saint-Jacques. Cette vocation remonte-t-elle au temps de sa fondation ? Très probablement à l'année 1246, époque de la fusion avec Granéjouls, comme le rapporte un document de 1678.

Que penser de la légende de Dame Hélène dans tout cela ? Pourquoi ne pas admettre que cette histoire est vraie ? Le pèlerin devrait donc cet asile à Hélène qui s'acquitta de son vœu en faisant bâtir l'hôpital auquel elle donna le nom de sainte Marie pour secourir les pèlerins... de Terre sainte et de Rocamadour. Sans nier l'importance de ces deux pèlerinages (la Terre sainte est le premier des pèlerinages et celui de Rocamadour est le pèlerinage quercynois par excellence dont la renommée déborde très largement cette province), il convient d'ajouter les pèlerins de Compostelle au nombre des bénéficiaires de cet asile en considération de sa position stratégique sur le chemin du Puy. Toujours est-il que, grâce à une initiative privée et on ne peut manquer de faire le parallèle avec Aubrac : spontanéité, point de passage obligatoire, circonstances dramatiques

dans lesquelles la décision de fondation est prise), la Via podiensis bénéficie d'un refuge supplémentaire (et même deux avec Granéjouls). L'intérêt de celui-ci n'est pas d'éviter au voyageur de faire le détour par Cahors, mais de lui permettre de faire une agréable étape en rase campagne à peu de distance d'une ville recours.

La coquille Saint-Jacques, sculptée sur de nombreux monuments tout au long du chemin. *Photo L. Olivier.*

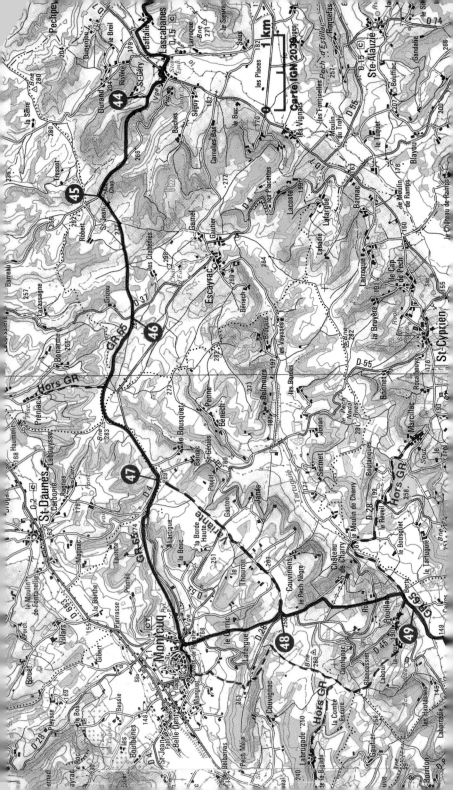

## Lascabanes à la D 4 `6 km` `1 h 30`

A l'église de **Lascabanes**, prendre la petite route de Saint-Géry.

**44** Avant un pont, grimper sur un sentier à travers bois qui débouche sur la route de Saint-Pantaléon. La suivre à droite sur 1 km.

**45** Tourner à gauche jusqu'à la chapelle Saint-Jean.

Remarquer en contrebas, à gauche de la route, une « source miraculeuse » fermée par une grille. Ses eaux furent utilisées à l'époque druidique. Le christianisme en fit un lieu de pèlerinage.

Passer à droite de la ferme Saint-Jean et suivre le plateau. Au carrefour d'Escayrac, garder le chemin en face, rejoindre la D 37 et la suivre à gauche sur 20 m.

**46** Emprunter le premier chemin sur la droite et suivre la crête jusqu'à une intersection.

Hors GR® pour **Préniac :** `500 m` `10 mn`

A l'intersection, le GR® poursuit tout droit jusqu'à la **D 4**.

## la D 4 à Montcuq `3 km` `45 mn`

A Montcuq : 🏠 🛏 ⛺ 🍴 ✕ 🍷 ℹ 🚌

Au moulin de La Brugade : 🛏 *(3 km au Sud-Ouest de Montcuq)*

➤ Variante pour éviter Montcuq : continuer tout droit sur un chemin qui coupe la D 55 et passe à proximité des granges du Thouron pour rejoindre le GR® au repère **48** .

**47** Suivre à droite la **D 4** sur 400 m. Emprunter la route de Lamote puis tout droit le chemin de terre descendant vers **Montcuq**.

## Montcuq à Berty `4 km` `1 h`

Marcillac :  *(2,5 km hors GR à l'Est de Berty)*

Rouillac : 🛏 *(0,5 km hors GR à l'Ouest de Berty)*

Située dans le Quercy Blanc, Montcuq étage ses maisons sur une colline au sommet de laquelle il reste un donjon carré, seul vestige du château fort détruit par Louis XI.

Quitter **Montcuq** au Sud par la D 28. Franchir le pont et monter à gauche à travers bois.

**48** Suivre à gauche la D 28, puis prendre en face vers le château de Charry. S'engager dans une sente à droite, longer le mur, couper une route d'accès au château. Descendre, couper la D 28 et suivre à droite une route jusqu'à **Berty**.

# Naissance du chapeau de paille

L'histoire de la chapellerie dans le bas Quercy commence au milieu du 19e siècle avec Pétronille Cantécor, bergère de la région de Caussade, tressant la paille de chaume pour occuper ses journées. Elle a l'idée d'enrouler cette tresse pour la coudre concentriquement et réalise son premier chapeau : la « paillole ». En 1796, Pétronille fonde une chapellerie artisanale à Septfonds. Dans tout le secteur des Causses, les femmes tressent la paille. L'activité se déploie, les fabriques se mécanisent et se multiplient rapidement. A Lalbenque, on compte plusieurs fabriques de paille tressée. A Cahors, à Saint-Céré, on fabrique également des chapeaux de paille. Au début du 20e siècle, les machines à coudre viennent remplacer la fabrication à la main. Une trentaine d'usines emploient plus de 2 000 personnes en saison.

En 1939, le Tarn-et-Garonne compte vingt-cinq usines et plus d'un millier d'ouvriers dans l'industrie du chapeau de paille, dont le canotier de Maurice Chevalier fera la célébrité. Sept ans plus tard, un certain Auguste Crambes met au point le chapeau textile, et l'activité chapelière du département se hisse au premier rang français. Aujourd'hui, les usines de fabrication se sont modernisées. Les chapeaux sont fabriqués à partir de paille de riz tressée importée de Chine et il ne reste en France qu'une seule entreprise, à Septfonds, fabriquant les moules en aluminium qui servent à mettre le chapeau en forme. Si le canotier conserve son prestige, le chapeau de paille ordinaire ne fait plus recette. La chapellerie, qui constitue la première industrie du département, s'est recyclée dans la casquette, le chapeau de jardin ou de pêche, mais aussi les créations haut de gamme à destination des grands couturiers. Le Tarn-et-Garonne arrive en tête de l'industrie chapelière française avec sept entreprises à Caussade et Septfonds. Près d'un million de couvre-chefs sortent des usines du département chaque année.

# Le Quercy religieux

Isolées sur leur table calcaire ou perdues au milieu des champs, une multitude de petites chapelles romanes et d'églises aux murs massifs constellent la campagne quercynoise, témoins épargnés par le temps de l'âge d'or médiéval. Dès le 11e siècle, les abbayes prennent en mains le défrichement de la région et participent activement à son développement. Au cœur de cette activité, de grands centres religieux voient le jour comme à Moissac, Souillac ou Cahors. Si le Périgord s'imprègne fortement d'influences cisterciennes, le Quercy se range aux côtés de Toulouse et de l'école languedocienne. Avec ses nombreux établissements d'obédience clunisienne, le Quercy hérite d'un style, à la fois moins rude que le roman auvergnat ou limousin, et moins sophistiqué que le roman saintongeais avec lequel il possède d'indéniables parentés. Les édifices de pierre calcaires d'une tonalité douce et chaude, sont en majorité conçus selon un plan simple à nef unique. Ce qui a généré un mode de voûtement original, basé sur le principe de la coupole sur pendentifs, voire la file de coupoles. Relativement préservé, le patrimoine religieux conserve d'admirables absides romanes en bel appareil calcaire. A la simplicité des lignes extérieures s'oppose la richesse des décorations sculptées, teintées d'influences byzantines et antiques : marbres polychromes, bois sculptés et dorés, guirlandes de masques humains et animaux fleurissant au tailloir des chapiteaux.

La cathédrale de Cahors. *Photo CDT Lot.*

## Flore du pays de Serres

### La stéheline

Familière des terrains arides et des causses du Quercy, la stéheline se présente comme un arbuste miniature couronné d'aigrettes blanches dépassant des capitules serrés. A la fin de l'été, cette plante aux affinités méditerranéennes disperse ses graines à tout vent. Le tronc nain disparaît souvent sous les mousses ou les lichens.

### Les orchidées

La nature calcaire et variée des sols du Quercy permet la présence d'une trentaine d'espèces d'orchidées. C'est au mois de mai qu'elles offrent le plus beau spectacle, montrant une extrême diversité de formes, jouant de la conformation et de la couleur de leurs labelles. Les pelouses calcaires sèches constituent un terrain d'élection pour l'« aceras homme pendu » évoquant la silhouette d'un pantin, l'« orchis-bouc » reconnaissable à son odeur désagréable, l'orchis militaire, bouffon ou singe. Les zones humides voient fleurir l'orchis élevé (limité au Sud-Ouest de la France), tandis que les bois et les lisières hébergent le céphalanthère à longues feuilles dont les fleurs blanches évoquent le muguet.

Orchidée à larges feuilles. *Photo CDT Lot.*

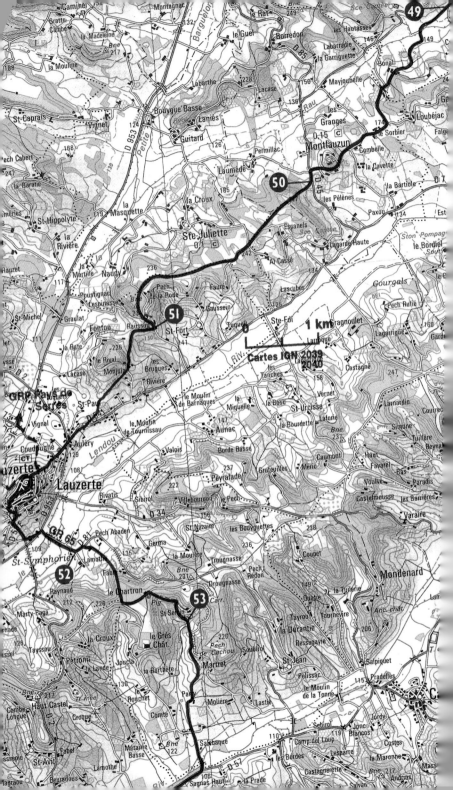

## e Berty à Montlauzun `3 km` `45 mn`

A Montlauzun :

A 10 mn de Berty : chapelle de Rouillac avec fresques médiévales *(pour visiter, s'adresser au propriétaire de l'ancien presbytère).*

**49** Après **Berty**, bifurquer à gauche. Laisser à gauche la ferme de Carros et plus loin, franchir le ruisseau du Tartuguié sur une passerelle. Grimper jusqu'à Bonal et prendre la route en descente jusqu'aux Grèzes, garder la petite route qui remonte et qui passe au pied de **Montlauzun**.

## e Montlauzun au Pech-de-la-Rode `3,5 km` `50 mn`

De **Montlauzun**, rejoindre la D 45 et l'emprunter à gauche sur 100 m.

**50** Monter à droite sur un chemin gagnant la crête et se dirigeant vers Lauzerte. Déboucher sur une route, la suivre sur 600 m puis continuer tout droit sur la crête et gagner **Le Pech-de-la-Rode**.

## Pech-de-la-Rode à Lauzerte `3,5 km` `50 mn`

A Lauzerte :

Au **Pech-de-la-Rode**, traverser la route, prendre en face le chemin jusqu'à Raussou. Suivre la route sur 200 m.

**51** Prendre à droite le chemin qui aboutit à la ferme de Montjoie. Continuer tout droit sur le chemin jusqu'à la D 54. L'emprunter à droite jusqu'à **Lauzerte**.

## Lauzerte à la D 57 `5 km` `1 h 15`

L'ancienne bastide de Lauzerte a été créée au 12e. Place avec couverts, maisons des 13e et 15e, églises Saint-Barthélemy et des Carmes.

Traverser **Lauzerte**, prendre la direction de Valence-d'Agen. Face au cimetière, s'engager à gauche sur un chemin rejoignant une route. La suivre à gauche pour emprunter la D 81.

**52** Dans un virage à gauche, continuer tout droit et monter le coteau jusqu'à la route, la suivre à gauche sur 350 m jusqu'au Charton. Après le pigeonnier, emprunter le chemin à droite jusqu'à l'église de Saint-Sernin.

**53** En face de l'église, utiliser le chemin à droite qui monte vers une route, la suivre 200 m à droite. Prendre à droite le chemin qui descend le coteau pour arriver à la **D 57**.

Maison du Quercy et son pigeonnier typique. *Photo A. Kumurdjian/Zapa.*

## Le bas Quercy

Longtemps à l'écart de l'industrialisation, le Tarn-et-Garonne a préservé son habitat des excès du modernisme. Au cœur de cet immense verger tapissant plaines et terrasses, la campagne se pique de fermes dont les murs de moellons de calcaire éclaboussent de leur blancheur laiteuse les mamelons arrondis des collines. La diversité des terroirs, du sol et du sous-sol a induit un intéressant mélange de formes de construction, tour à tour teintées d'influences limousines, languedociennes, basques ou bordelaises. Dominant une bergerie ou un chai à demi-enterré, l'étage d'habitation est généralement accessible grâce à une volée de marches qui longe la façade et se termine à angle droit. Un système d'auvents, d'arcades et de terrasses, rehaussé par l'imbrication des multiples pentes du toit, donne à la demeure du Sud Quercy son cachet particulier. Parfois, l'ample toiture s'avance en auvent sur la façade ajourée d'arcades.

Les bourgades rayonnent de ce même blanc lumineux, bien qu'à l'occasion, la pierre calcaire s'associe à la brique toulousaine ou aux colombages. Au 19e siècle, les riches demeures se voyaient pourvues de quelques rangs de briques en signe d'opulence. Formant d'étroites rues, les maisons se serrent autour d'églises ou de châteaux sur lesquels fleurissent les styles roman, gothique ou Renaissance.

## Vallées et terrasses de la Garonne et du Tarn

Dans les vallées de la Garonne et du Tarn, l'habitat est regroupé avec une relative concentration de gros bourgs. Les maisons traditionnelles sont basses, composées de deux pièces principales. Elles offrent leurs façades de briques crues : des « adobes », composées de sable et d'argile. Parfois, des rangées de galets s'alignent le long des murs, ornant par ailleurs les rues et les places publiques.

Prolongeant la toiture de la maison, un avant-toit permet de recouvrir la galerie extérieure et de protéger les murs des intempéries. Dans la vallée de la Garonne, un grand nombre d'habitations ont été reconstruites sur le modèle languedocien après les crues dévastatrices du fleuve, à la fin du 19e siècle.

## Faune en pays de Serres

Tarier pâtre.
*Dessin A. Blondeau.*

ce gros rongeur est parfaitement adapté à la vie aquatique. La femelle a la particularité de pouvoir allaiter tout en nageant. Très prisé pour sa fourrure au 19e siècle, le ragondin fut importé dans nos rivières en provenance d'Amérique du Sud.

### Le tarier pâtre
Alors que la majorité des tariers sont des oiseaux migrateurs qui naviguent entre Europe et Afrique tropicale, le tarier pâtre est un passereau sédentaire parmi les habitués du bas Quercy. Reconnaissable à son demi-collier blanc et son poitrail roux contrastant avec son plumage noir, le tarier pâtre pousse son cri d'alarme du haut d'un arbuste ou d'un buisson. Coïncidence ? Son étrange « ouis, trèc-trèc » semble imiter le tarier placé au-dessus de la trémie du moulin.

### Le ragondin
Habitué des eaux du Tarn et de la Garonne, le ragondin évoque irrésistiblement son cousin le castor. Son pelage gris est strié de longs traits de poils roux appelés jarres. Avec ses pattes arrière puissantes et palmées,

Ragondin.
*Dessin A. Blondeau.*

### Le martinet
Caractéristique par ses longues ailes étroites, ses minuscules pattes et son vol rapide, le martinet noir est très présent dans le Tarn-et-Garonne. Se nourrissant uniquement d'insectes capturés au vol, cet oiseau conserve sa part de mystère. En effet, le jeune martinet noir (environ un an) semble dormir en planant dans l'espace à haute altitude (1 500 à 2 000 m), sans doute à la recherche de courants d'air chaud.

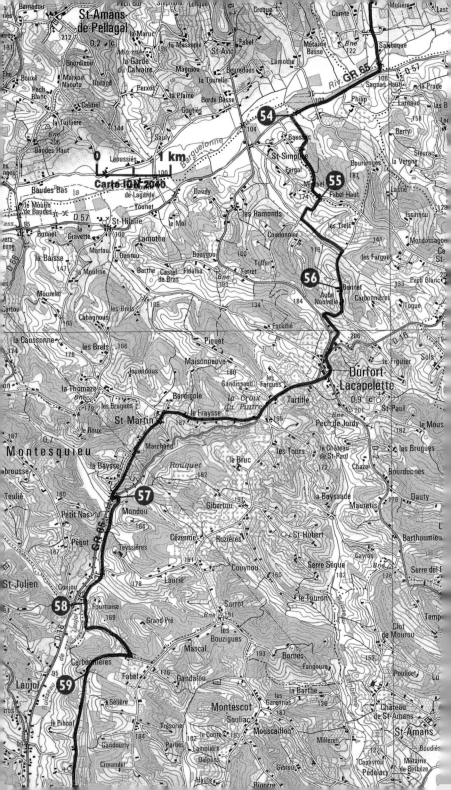

## e la **D 57** à l'auberge de l'Aube Nouvelle `3,5 km` `50 mn`

*A l'auberge de l'Aube Nouvelle :* 🏠 ✕

Emprunter la **D 57** vers la droite sur 1,3 km.

**54** Après une haie, prendre le chemin qui monte à gauche entre les cultures, longe le bois et continue sur le coteau pour déboucher sur une route au lieudit Mirabel. L'emprunter à gauche sur 200 m.

**55** Suivre à droite un chemin (fontaine bâtie), descendre le coteau par un sentier sinueux. Au grand noyer, tourner à gauche, suivre le chemin de la vallée en bordure d'un verger de noyers. Prendre à droite, parmi les vignes et les vergers le chemin qui monte à l'**auberge de l'Aube Nouvelle**.

## e l'auberge de l'Aube Nouvelle à Durfort `1,5 km` `30 mn`

*A Durfort-Lacapelette :* 🍴 ☕

**56** De l'**auberge de l'Aube Nouvelle**, continuer tout droit sur 200 m, puis à droite sur la route, environ 300 m. Au sommet, prendre à gauche puis à droite, emprunter un chemin de servitude qui permet d'atteindre **Durfort-Lacapelette**.

## e Durfort à la ferme de Carbonnières `7,5 km` `2 h`

Durfort-Lacapelette est un étrange village qui longe un coteau. Il n'y a pas de « centre-ville » et, chose rare, pas d'église.
Après Durfort, la végétation de chaque côté de la route est luxuriante. Forêts et pieds de chasselas alternent. Dans la plaine du Tarn, les vergers remplacent les vignes.

Suivre la D 16 en direction de Moissac et emprunter à droite la troisième route qui conduit au hameau de Saint-Martin.

Dominant sur sa crête le paysage vallonné, la petite église de Saint-Martin-de-Durfort est assez récente, mais le chêne voisin est multiséculaire.

Tourner à gauche sur la route qui descend vers la D 16.

**57** Traverser la D 16 et prendre à droite le chemin parallèle à la route sur 1,4 km.

**58** Prendre à gauche le deuxième chemin sur 100 m, puis à droite le chemin de terre qui longe la vallée de Laujol sur 400 m. Tourner à gauche, le sentier monte à travers les pâturages et les friches pour aboutir à droite à la route de crête, le suivre à droite jusqu'à la **ferme de Carbonnières** (*pins parasols*).

La vigne moissagaise ne date pas d'hier, puisque sa culture remonterait à l'époque préromaine. Au Moyen Age, les moines de l'abbaye développent le vignoble qui fournit alors d'importantes productions de vins exportés par voie fluviale sur le Tarn et la Garonne. Les chapiteaux du cloître en ont conservé des frises de sarments et de feuilles de vignes. Pourtant, entre 1870 et 1880, le vignoble moissagais disparaît en quasi-totalité, ravagé par le phylloxera. Celui-ci sera reconstitué à partir de porte-greffes d'origine américaine. Avec l'avènement du chemin de fer qui permet le convoyage rapide des denrées, la région de Moissac se reconvertit dans la culture du chasselas. Le microclimat chaud et humide au carrefour des influences océaniques et méditerranéennes, conjugué au terroir moissagais composé de boulbènes argilo-siliceux

et argilo-calcaires, réunissent les conditions idéales pour ce raisin blanc de table qui serait d'origine orientale. Récompensé par l'Appellation d'Origine Contrôlée depuis 1953, le chasselas de Moissac, dont le vignoble couvre moins de 2 800 hectares, se caractérise par ses longues grappes aux grains dorés translucides et sa saveur très sucrée (160 g de sucre par litre au minimum). Les fruits sont l'objet de soins attentifs, cueillis, triés et emballés selon des méthodes traditionnelles : on ne vendange pas le chasselas en triage des grappes. Doté d'un parfum sucré très fin, le chasselas participe à l'élaboration de recettes originales, à la confection de jus, de confitures et même d'eau-de-vie. Si les cures « uvales » (de raisin) sont passées de mode, ses défenseurs le considèrent pourtant comme un aliment diététique par excellence.

Le chasselas de Moissac. *Photo C. Nègre.*

Les conditions naturelles dont bénéficie l'ensemble de la région située à la confluence du Tarn et de la Garonne ont permis à l'arboriculture fruitière de prendre une place considérable dans l'économie du bas Quercy. Implantée à partir de 1930, la culture fruitière a continué son expansion jusque récemment, autour du pôle de Moissac. Chaînant la production sur un rayon de 30 km, le centre moissagais conditionne et expédie en France et à l'étranger quelque 200 000 tonnes de fruits chaque année. La nature des sols et du climat permet une importante diversification dans la palette de fruits produits. La pomme vient en tête avec une production annuelle de 100 000 tonnes. Le fruit le plus anciennement cultivé est la prune bleue, jadis exportée par voie d'eau vers l'Angleterre. Actuellement, le bas Quercy arrive en tête de la production française de prunes de table, la reine-claude occupant la première place. La pêche, cultivée à l'origine en association avec la vigne, connut ses heures de gloire entre 1945 et 1985, accusant depuis une légère régression. Ce qui est également le cas de la poire. La culture des poiriers s'est développée parallèlement à celle des pommiers, dans des proportions plus modestes. Si la cerise est considérée comme une culture d'appoint, elle est

Verger en bas Quercy.
*Photo M. Grando.*

cependant le premier fruit mis à la disposition du consommateur. Elle affiche d'ailleurs une constante progression. Dernier né dans la région, le kiwi a fait son apparition dans les années 60 et suit depuis une progression mesurée.

Enfin le melon, fruit ou légume, connaît un développement en hausse continue.

Pour mettre à l'honneur l'ensemble de ces fruits qui viennent accompagner le chasselas, Moissac organise tous les deux ans une grande Fête du Chasselas et des Fruits, le troisième week-end de septembre, où l'on peut notamment découvrir les produits du terroir à base des fruits locaux.

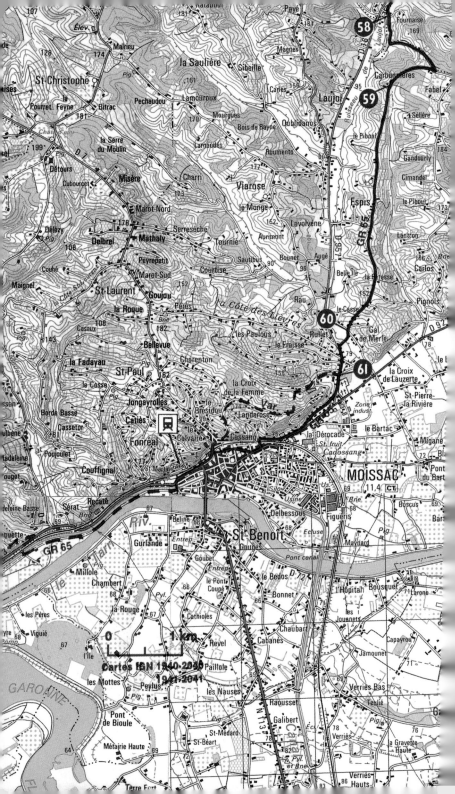

## e la ferme de Carbonnières au **Gal de Merle** `4,5 km` `1 h 30`

**59** De la **ferme de Carbonnières**, suivre le chemin de crête (*vue sur deux vallées*), passer près de l'église d'Espis (à droite). Continuer tout droit pour arriver au lieudit **Gal de Merle**.

## u **Gal de Merle** à Moissac `2,5 km` `35 mn`

A Moissac :

**60** Au fond de la côte de **Gal de Merle**, poursuivre en face (*passerelle*) puis tourner à gauche sur la D 957.

### Variante pour Moissac `3,5 km` `50 mn`

Prendre la troisième petite route à droite, dit de Malengane, sur 800 m. Emprunter le deuxième chemin à gauche (*pente raide*) qui accède, à droite, à la route des crêtes (*panorama sur la ville de Moissac*). Aller jusqu'à la côte Saint-Michel, à gauche, qui descend au centre historique de **Moissac**.

**61** Continuer sur la D 957 et prendre le chemin à droite, dit chemin des Vignes, qui aboutit à la D 927. La suivre sur 100 m, puis s'engager à droite avant le pont de chemin de fer sur le chemin de Ricard (*vue sur l'abbatiale*). Au passage à niveau, tourner à gauche puis à droite. Suivre en ville le périmètre historique pour atteindre l'abbatiale Saint-Pierre de **Moissac**.

### Moissac

Une des rares étapes signalées par Aimery Picaud dans son *Guide du pèlerin*, Moissac, sur la voie du Puy-en-Velay, est toujours une halte majeure sur la route de Compostelle. L'abbaye Saint-Pierre de Moissac abrite des chefs-d'œuvre de l'art roman. Sous le porche de l'église abbatiale, le célèbre tympan du 12e siècle révèle au visiteur une saisissante vision inspirée par le texte de l'Apocalypse : une cour céleste animée mais solennelle, entourant un Christ en majesté de la fin des temps, est figée dans la pierre comme pour l'éternité. Le cloître, dont le décor sculpté est daté de 1100, présente sur la corbeille de ses chapiteaux une cinquantaine de scènes évoquant des épisodes bibliques. Le musée ethnographique expose, dans une salle consacrée au pèlerinage, des coquilles trouvées dans des sépultures moissagaises (sans doute des tombes de pèlerins). Un de ces insignes de jais – sans doute vendus à Compostelle –, un manteau de cheminée portant les attributs jacquaires (gourde, coquille et bourdon) sont également exposés dans cette salle. Au musée Saint-Jacques, on peut admirer un vitrail représentant un saint Jacques en pèlerin. A la Pentecôte, Moissac organise la traditionnelle fête des Marins de son ancien port fluvial. A cette occasion, on plante sur le port un chêne et on bénit les eaux du Tarn. En juillet et août, on peut assister à des animations musicales gratuites sur le parvis de l'abbatiale tous les samedis ; en soirée, des concerts de musique classique sont donnés dans le cadre prestigieux du cloître et de l'église.

Moissac, tête de pont...
*Photo L. Olivier.*

Le *Guide du pèlerin* indique : « Ce livre... a été composé en divers lieux : à Rome, en Terre sainte, en Gaule, en Italie, en Allemagne et en Frise et principalement à Cluny ».

Il ne s'agit pas, bien sûr, des lieux où le Guide a été rédigé, mais de ceux où il a été copié et où les pèlerins pouvaient en prendre connaissance.

Le choix de ces lieux n'est pas innocent : Rome, car le Guide y a reçu l'approbation du Pape Calixte II (il n'est, d'ailleurs, que la cinquième partie d'un ensemble dénommé *Codex calixtinus* dont l'un des deux exemplaires parvenus jusqu'à nous est visible au Trésor de la cathédrale de Compostelle), la Terre sainte (le Pèlerinage par excellence), la Gaule, l'Italie, l'Allemagne et la Frise (dont la documentation établit que la majorité des pèlerins en provenaient et où les traces du culte de saint Jacques sont très abondantes). Enfin, on le trouve à la fameuse abbaye de Cluny, fondée en 910, près de Mâcon, par Guillaume d'Aquitaine.

Le rôle de cette abbaye dans la réforme de l'Eglise à la fin du 11e siècle est bien connu. L'exceptionnelle personnalité de son abbé Hugues de Semur (saint Hugues de Cluny), régnant de 1048 à 1109, l'est également : sous son impulsion, non seulement Cluny a aidé les papes à sortir l'Eglise de l'ornière féodale, mais en même temps, les maisons clunisiennes se sont répandues dans toute l'Europe chrétienne. Cette expansion est très remarquable dans les régions traversées par les chemins de Saint-Jacques, tant dans le sud-ouest de la France qu'en Espagne du nord. Abbayes et prieurés (parfois prieurés-hôpitaux) rattachés à l'ordre clunisien jalonnent le chemin des pèlerins et leur offrent autant d'asiles.

Ainsi, dans nos régions, dès 1109, nous rencontrons des Clunisiens à : Saint-Jean Lachalm (près du Puy), Figeac, Moissac, Saint-Gény (près de Lectoure) et Eauze (sur la voie principale) ; Fons, Issepts, Duravel, Layrac, Moirax, Mezin et Rombœuf (sur les variantes agenaises) ; Villeneuve-d'Aveyron, Saint-Mafre, Castelsarrasin, Auch et Morlaas (sur une variante qui contourne Moissac par l'Est et le Sud pour rejoindre la *Via tolosana* à Auch et gagner les Pyrénées après avoir fait étape au prieuré-hôpital de Sainte-Foy de Morlaas).

Sur le *Camino frances*, à la même date, on rencontre des Clunisiens à Najera, Burgos, Castrogeriz, Carrion, Sahagun et Leon. Le *chemin aragonais* (suivi par ceux qui, venant de Morlaas, avaient franchi les Pyrénées au Somport) était jalonné par la très florissante abbaye de San Salvador de Leyre.

Le rôle de Moissac est fondamental dans cette organisation : c'est l'abbaye clunisienne la plus importante de tout le Sud-Ouest de la France. C'est incontestablement la tête de pont vers l'Espagne, le lieu d'où partent toutes les impulsions (d'où sont relayées toutes les impulsions venant de la maison-mère) concernant la reconquête de l'Espagne occupée par les infidèles et l'organisation du pèlerinage de Compostelle. C'était le moyen de faire couler un flot de chrétiens sur le chemin de Saint-Jacques avec l'espoir que certains d'entre eux (grâce aux privilèges accordés par les autorités locales) accepteraient de s'y fixer pour le repeupler. La Reconquista militaire était, en effet, insuffisante. Il fallait rechristianiser le pays en profondeur. Pour cela, l'appel aux colons venus du Nord était indispensable. C'est à ce grand dessein politique que les Clunisiens

Détail du tympan de l'abbaye de Moissac.
*Photo M. Wasielewski.*

ont voulu participer.

Le rôle joué par les Clunisiens sur les chemins de Compostelle est donc important. Il ne doit cependant pas être exagéré et il faut se défier du « pan-clunisme ». En examinant simplement une carte, on s'aperçoit que le pèlerin souhaitant ne faire halte que dans des gîtes clunisiens aurait dû se résoudre à passer une grande partie de ses nuits à la belle étoile, tant en France qu'en Espagne... Et puis, il ne faut pas perdre de vue que les hôpitaux les plus actifs dans la réception des pèlerins, ceux qui avaient été fondés pour les recevoir et y consacrer toute leur activité, ne relevaient pas de Cluny. Ils étaient tenus par les chanoines réguliers de saint Augustin, comme, sur la *Via podiensis* et son prolongement navarrais, Aubrac et Roncevaux et le réseau de leurs multiples dépendances.

Chapiteau du cloître de Moissac.
*Photo M. Wasielewski.*

# Les itinéraires

# Le GR® 651
## Vallée du Célé

Le GR® 651, variante du GR® 65, débute sur la D 21 au lieudit Mas-de-la-Croix et parcourt la vallée du Célé jusqu'à son confluent avec le Lot près de Bouziès où il rejoint le GR® 36. Le randonneur pourra suivre le GR® 36 soit vers Cahors où il retrouvera le GR® 65, soit vers Saint-Cirq-Lapopie, Varaire et Villefranche-de-Rouergue, puis par les gorges de l'Aveyron pour gagner Cordes (topo-guide du GR® 36-46 *Tour des Gorges de l'Aveyron*).

## e Béduer à Boussac
 4 km · I h

*A Béduer :* ✕ 🍺 ( 🛒 *restreint*) ⛺ 🚌 ( 📷 *à La Planquette*)
*A Boussac :* 🛏 ( ✕ *possible*) ( 🚌 *à la demande pour Figeac*)

*Château de Béduer (privé) : forteresse ancienne de la famille de Lostanges, domina un temps tout le territoire entre le Lot et le Célé et rivalisa avec l'abbaye de Figeac. Ruines romaines.*

**❶** Le GR® 651 sort de **Béduer** par la D 21 en direction de Boussac ; 150 m plus loin, prendre à droite un chemin bordé de grands chênes et longeant des prés clôturés. Ce chemin s'oriente au Nord et descend. Passer à proximité d'une grangette dont la charpente présente un remarquable coyau ; 50 m plus loin, franchir un ruisseau et tourner à gauche à angle droit pour descendre jusqu'à une route.

**❷** L'emprunter à gauche en suivant le Célé. Traverser la D 21. Peu après, la route fait place à un chemin empierré qui se rapproche de falaises boisées (*petite cascade sur la gauche*). Plus loin, aboutir à un pont sur le Célé.

**❸** Le GR® 651 traverse le pont sur le Célé et par la route atteint le village de **Boussac**.

## e Boussac à Corn
 2 km · 30 mn

*A Corn :* 🛏 ( 🚌 *à la demande pour Figeac*)

Avant l'église de **Boussac**, emprunter à gauche une route montant à Mandens-Haut. Continuer en face sur un chemin descendant à la D 41. La prendre à droite. Longer le Célé sous de hautes falaises abruptes. Passer au moulin de Cavarrot et atteindre **Corn**.

*Corn fut jadis fortifié. Fief des familles de Cardaillac et de Béduer.*
*Grottes fortifiées dites du Consulat et de la Citadelle, vieilles maisons quercynoises, tour de l'ancien château (15e).*

## e Corn à Espagnac
`7 km` `1 h 45`

*A Espagnac :* ⬜ *( 🍽 limité au gîte) (☕ ✕ l'été) (🚌 à la demande)*

▶ Hors GR : route de Livernon à 50 m, résurgence le long du ruisseau.

Le GR® traverse **Corn** par la D 41. Aux dernières maisons, prendre à gauche une route franchissant le Célé. Tourner à droite, passer au pied du château de Goudou et emprunter à gauche une route montant sur le causse sur 350 m.

**4** Obliquer sur le chemin à droite qui descend. Traverser Rian et continuer sur la route jusqu'à un pont sur le Célé ; 100 m avant le pont, s'engager à gauche dans une sente parallèle à la route jusqu'à la hauteur du pont sur le Célé.

**5** Couper le lit d'un ruisseau (*en cas de forte pluie, la résurgence de la Source Bleue peut empêcher le passage*) pour rejoindre par la gauche, un chemin longeant le Célé. S'en écarter pour atteindre Salebio. Prendre la route en face jusqu'à **Espagnac**.

## Espagnac à Brengues
`4 km` `1 h 15`

*A Brengues :* 🏛 🛏 🏕 🛒 ✕

Église d'Espagnac construite au 13e et remaniée au 14e. Ruines d'un prieuré : monastère du 13e remanié aux 17e et 18e, restes de muraille fortifiée.

▶ Le GR® est impraticable à cheval entre Espagnac et Brengues ; une déviation balisée en orange a été mise en place (*voir tracé en tirets sur la carte*).

Traverser **Espagnac**, franchir le Célé, tourner à droite sur la D 41. La suivre sur 250 m.

**6** A une croix, prendre à gauche un chemin gagnant un terre-plein devant les maisons de Pailhès. S'engager à gauche sur un chemin montant en lacets à travers bois jusqu'à une route. L'emprunter à gauche (*vue sur la vallée*) sur 600 m.

**7** Tourner à gauche dans un sentier à travers bois. Couper la D 38, suivre un sentier sur 25 m puis une route vers le Sud-Ouest sur 150 m. Prendre à gauche un chemin bordé de ruines. Retrouver la D 38. L'emprunter à droite. Longer un haut mur de pierres ; à son extrémité, s'engager à gauche sur un chemin. A la dernière maison, passer un portillon (*qui peut être ouvert*) et descendre sur une sente dominant la vallée du Célé jusqu'au pied de la falaise (*fortifiée au 12e, dénommée « château des Anglais »*). Le sentier se faufile entre des blocs de rochers puis longe la falaise. Passer la porte qui fermait cet ancien repaire. Lorsque le sentier arrive au bout de la falaise, continuer à droite pour descendre par un sentier rocailleux. Prendre à droite et arriver au Mas de Bessac sur la D 38.

**8** L'emprunter à gauche. En suivant la route qui descend vers la vallée, entrer dans **Brengues**.

A Saint-Sulpice : 🍴 ( 🛒 l'été) 🛏 🏕 ( 🚌 à la demande pour Figeac)

De **Brengues**, le GR® emprunte à l'Ouest la route menant aux Vignes-Grandes. Continuer sur un chemin parallèle à la D 41. Pénétrer dans une combe en longeant des cultures. Tourner à droite sur un sentier montant à travers bois le long d'un enclos (*à proximité, fontaine de la Garrigue*). S'engager à droite sur un chemin sur 200 m.

**9** A la fourche, s'engager sur le chemin de gauche. Au carrefour, emprunter à gauche un sentier montant vers une crête. Il descend en longeant des enclos et contourne une combe.

**10** Emprunter à gauche la D 13. Passer près d'une croix de fer. Couper le virage qui suit, traverser la route et descendre en face jusqu'à une maison accolée à la falaise. Tourner à droite sur le chemin et gagner le château de **Saint-Sulpice**.

## Saint-Sulpice à Marcilhac-sur-Célé `7 km` `2 h`

A Marcilhac-sur-Célé : 🏠 ( 🏨 l'été) 🛏 🏕 🛒 🍴 ℹ️ ( 🚌 à la demande). Point accueil eunes

Château de la famille d'Hébrard de Saint-Sulpice, maisons troglodytiques.

Franchir l'ancienne porte du château de **Saint-Sulpice**. Continuer sur la route jusqu'au pied de la falaise. Passer devant un puits. Après la dernière maison restaurée, parcourir 50 m sur la route puis s'engager à gauche (*croix de fer*) sur un chemin descendant dans la vallée. Parcourir 500 m et prendre à droite un sentier grimpant sur le causse. Passer à Pech Merlu (*gariotte*). Laisser le chemin de gauche (*croix*). pour gagner un carrefour de routes (*croix*). Emprunter à droite la D 17. Au carrefour suivant (*croix de fer*), garder la D 17 à gauche.

**11** Parcourir 10 m sur la route à gauche et s'engager à gauche dans un sentier montant au Pech Peyroux. Descendre au Sud. Près de la grotte du Facteur (*propriété privée*), remonter une route à gauche sur 250 m.

➤ En poursuivant la route : grotte Bellevue (*ouverte des Rameaux au 31 octobre, tous les jours en juillet et en août*).

**12** Quitter la route et continuer sur un chemin. Descendre (*vue sur les falaises de l'autre rive du Célé*), puis atteindre la D 14 à la « côte de Marcilhac », en contrebas de la chapelle de Pailhès située à gauche.

➤ Variante balisée pour éviter la descente à Marcilhac : tourner à droite. On retrouve le GR® à l'Ouest du village, près du Mas de Galance.

Le GR® 651 traverse la D 14, descend un raidillon et retrouve la route qu'il suit jusqu'à **Marcilhac-sur-Célé**.

## Marcilhac-sur-Célé à Sauliac-sur-Célé `9 km` `2 h 30` ▬

A Sauliac-sur-Célé : 🛒

Ruines de l'abbatiale bénédictine de Marcilhac fondée au 9e siècle par des moines venus du monastère de Saint-Amans-de-Cahors. Centre d'excursions spéléologiques : grottes de Robinet, des Brasconies, du Facteur.

A **Marcilhac-sur-Célé**, gagner la place Jean-Fabret. La longer à droite et s'engager dans une rue jusqu'à une croix. Prendre à gauche un chemin montant au milieu des maisons. Le sentier serpente, taillé dans le rocher. S'orientant au Nord-Est, le GR® rejoint le raccourci venant de la « côte de Marcilhac ». Tourner à gauche. Couper une route 200 m plus loin. S'engager en face dans un sentier parcourant le causse. Laisser un sentier à gauche. Passer à un carrefour (croix). Tourner à droite sur 5 m. Passer le clédo (ne pas oublier de le refermer) et descendre par un sentier (source dans le rocher), jusqu'à la route de Combes-Basses. L'emprunter à gauche sur 100 m.

**13** A la croix, prendre à droite un chemin qui monte en lacets sur le causse. A un croisement, s'engager à gauche sur un chemin. Laisser à gauche une ferme et suivre à droite un sentier aboutissant à une route. La suivre à droite pour parvenir, 100 m plus bas, à un carrefour près de La Combe-des-Angles. S'engager en face à gauche sur une route longeant une combe. Passer à proximité de la ferme Les Bioules.

**14** Près du Mas del Rey, emprunter à gauche une route jusqu'à **Sauliac-sur-Célé**.

## Sauliac-sur-Célé à Espinières `6 km` `1 h 30` ▬

A Sauliac : château de Saint-Geniès (16e), vieilles maisons dans la falaise.

Le GR® monte à droite pour traverser le vieux **Sauliac-sur-Célé**. Suivre la falaise sur un chemin en corniche qui vire à droite et s'engage dans une combe bordée de barres rocheuses ; 250 m plus loin, laisser à droite un sentier conduisant à une berge et monter par un chemin en lacets. Respecter un clédo, puis laisser deux chemins à droite. Le sentier descend puis remonte. Prendre à gauche le long d'un mur et continuer à monter jusqu'à un chemin carrossable. L'emprunter à gauche jusqu'au château de Cuzals.

Musée de plein air du Quercy (musée ethnographique, musée agricole, arts et traditions populaires, architecture rurale, artisanat et traditions, géologie, flore).

**15** Laisser le château à droite et tourner à gauche à angle aigu sur **800 m**. Prendre à droite, entre deux champs, une sente qui monte vers l'Ouest à un col. Continuer jusqu'à un carrefour de quatre chemins. Tourner à droite. Traverser une combe puis remonter sur le causse. Descendre vers le ruisseau de Bourlandes, traverser la D 40 et monter à **Espinières**.

## Espinières à Cabrerets

**4 km**  **1 h**

A Cabrerets : 🏠 🏦 🛏 🏨 ⛺ 🛒 🍴 🍺 *Point accueil jeunes*

Après la dernière maison d'**Espinières**, prendre un chemin montant. Franchir un clédo. En haut, tourner à droite. A une fourche, prendre le chemin à gauche et franchir un thalweg. Le GR® remonte jusqu'à une petite route, l'emprunte à gauche sur 100 m, puis suit un sentier sur la droite. Au carrefour, prendre le sentier en face et rejoindre la D 42 ; l'emprunter à gauche sur 500 m.

**16** Après le panneau annonçant les virages, s'engager à droite sur un sentier en épingle à cheveux descendant franchir la Sagne. Suivre à gauche la D 13. Passer devant l'auberge. A la croix de fer, quitter la D 13 et poursuivre par une route en rive droite du ruisseau jusqu'au cimetière de **Cabrerets**.

## Cabrerets à Bouziès

**7 km**  **1 h 30**

A Bouziès : 🏨 🍴 🚌

Château 13e. Château des Anglais dans la falaise. Grotte temple du Pech Merle, musée préhistorique de Cabrerets, maisons quercynoises.

Au cimetière de **Cabrerets,** s'engager à droite puis encore à droite sur un chemin montant au parking supérieur des grottes de Pech-Merle. Le traverser et prendre à gauche un chemin forestier sur **300 m**. Tourner à gauche, juste avant une clôture, dans un chemin en montée *(à 50 m, point de vue sur Cabrerets)*. Passer près d'un menhir, poursuivre sur le même chemin qui descend jusqu'à un carrefour.

**17** Au carrefour, prendre le deuxième chemin sur la gauche. Le GR® repart au Sud, suit une ligne de crête puis descend *(vue sur les falaises au confluent du Célé et du Lot)*. Rejoindre une propriété, longer son parc, passer derrière le château et rejoindre la D 41 à Conduché *(car SNCF)*. Emprunter la D 662 sur 1 km vers Saint-Géry jusqu'au défilé des Anglais *(grotte fortifiée par les Anglais au 13e)*. Traverser le pont suspendu et entrer dans **Bouziès**.

➤ Jonction avec le GR® 36 qui, à l'Ouest, se dirige vers Béars (jonction avec le GR® 46) et Cahors *(gîte d'étape à 10 km, à Pasturat)*, à l'Est vers Saint-Cirq-Lapopie et le causse de Limogne où il croise le GR® 65 *(tronçon décrit pages suivantes)*.

# Le GR® 36-46
## de Bouziès aux Bories-Basses

L'itinéraire des GR® 36-46 est décrit de Bouziès (point de jonction avec le GR® 651 qui vient de Béduer) jusqu'aux Bories-Basses (point de jonction avec le GR® 65 qui se dirige soit vers Cahors, soit vers Béduer).

➤ Le parcours du GR® 36 est commun avec celui du GR® 46 vers Beauregard.

### Bouziès à Saint-Cirq-Lapopie     4 km   1 h

À *Saint-Cirq-Lapopie* : 🏠 🏛 ⛺ ( 🛒 l'été) ✕ 🍺 🚌

**1** Passer sous le pont suspendu de **Bouziès** et continuer le long du Lot vers l'Est. Passer sous le pont du chemin de fer. Poursuivre par le chemin de halage taillé dans le rocher.

*C'est l'un des éléments les plus spectaculaires du patrimoine lié à la navigation fluviale. Remarquer le bas-relief daté de 1989, œuvre du sculpteur D. Monnier.*

➤ Le balisage, interrompu sur cette section, reprend après l'écluse.

**2** Quitter le bord de la rivière, 500 m après la ferme de Ganil, pour rejoindre, à Castan, une route et de nouveau le pied des falaises (*vieux pigeonnier à droite*) ; 1 km plus loin, abandonner la route pour suivre à droite un sentier sinueux grimpant dans la falaise. Déboucher place du Sombral en haut du village de **Saint-Cirq-Lapopie**.

### Saint-Cirq-Lapopie à Concots     10 km   2 h 30

*Concots* : ( 🛒 l'été) ✕ 🍺 🚌

Dans **Saint-Cirq-Lapopie**, descendre sur 100 m, s'engager à droite dans une ruelle, longer le cimetière, traverser la route départementale près d'un oratoire et monter le chemin de croix (*à 10 mn, vue sur le cirque de Vènes*). Passer devant une chapelle, derrière un calvaire (*point de vue*) et rejoindre sur le plateau une route. A Lac Lapat, poursuivre au Sud. Passer à La Gravette et pénétrer dans un bois. S'orientant au Sud-Ouest, le GR® suit un chemin qui s'achève entre deux haies de buis. Emprunter la D 42 sur 50 m.

**3** S'engager à droite sur un chemin descendant, rejoindre la route des Bories-Basses. Traverser la cour de cette ferme et continuer sur une petite route à droite. Au carrefour de cinq routes, traverser et poursuivre par un chemin forestier. A la sortie du bois, gagner une grange puis, par une petite route à droite, le Mas de Janicou. Emprunter chemins et ruelles et entrer à **Concots**.

Le Lot fut la première rivière navigable. *Photo F. Ducasse/Zapa.*

Aménagé dès l'époque gallo-romaine, le Lot fut la première rivière navigable du Quercy. A partir du 13e siècle, le Lot s'avère essentiel pour le développement de Cahors et du Quercy. Bateaux et gabarres (barques de chêne à fond plat) acheminent denrées et matériaux de l'Auvergne et du Quercy jusqu'à Bordeaux : vins des côtes du Lot, châtaignes, fromages, céréales, prunes et pruneaux, bois, charbon, fer, fonte, zinc. A la remontée, les cargaisons consistent surtout en sel, poissons, denrées exotiques et produits de manufacture. Les difficultés d'acheminement à contre-courant obligent à dépecer sur place certains bateaux. En effet, la navigation sur la rivière n'est pas si aisée, entravée de multiples obstacles : bancs de sable, accumulation de graviers, barres rocheuses.

Au 14e siècle, d'importants travaux sont entrepris : des écluses et des barrages sont mis en place, des chemins de halage aménagés, les ports sont agrandis ; des ponts, souvent fortifiés, sont lancés d'une riv à l'autre. Au 17e siècle, on introduit les écluses « à la hollandaise ». Mais er 1887, l'ouverture de la ligne de chemi de fer entre Cahors et Capdenac sign la fin de la navigation et de l'entretien des aménagements fluviaux. En 1926, le Lot disparaît de la nomenclature des voies navigables. Depuis, un vaste programme de réhabilitation dans le cadre touristique devrait permettre au Lot de renouer avec la tradition.

Perché sur un éperon rocheux au-dessus du Lot, le village de Saint-Cirq-Lapopie s'impose parmi les plus beaux de France. D'origine très ancienne (sans doute antérieure au 7e siècle), la cité connut un passé tumultueux auquel ses châteaux ne résistèrent pas. Partagé entre quatre dynasties au Moyen Age, le site endura les affres de la croisade des Albigeois, puis l'offensive anglaise répétée, avant de subir profondément les déchirements des guerres de Religion. Épargné par la suite, Saint-Cirq-Lapopie (classé en majeure partie Monument Historique) a conservé jusqu'à nos jours sa physionomie médiévale et brille par sa rare homogénéité architecturale. Au premier regard, la cité accrochée à la falaise livre une cascade de petites maisons aux toits de tuiles brunes et de grappes de fleurs s'échappant des balcons. Au fil des ruelles escarpées, on s'étourdit à détailler les façades en encorbellement, les colombages, les tours et tourelles, les portes gothiques et les fenêtres à meneaux. En contrebas, l'église du 15e siècle de style gothique languedocien présente un imposant vaisseau en voûte d'ogives et conserve son abside romane. Quelques ateliers d'artisans rappellent l'âge d'or médiéval de Saint-Cirq : chaudronniers, peaussiers et surtout *roubinetaïres*, spécialisés dans la fabrique de robinets de tonneaux. Dans son passé récent, la ville a attiré en ses murs divers artistes et écrivains dont André Breton, Henri Martin et Pierre Daura.

Saint-Cirq-Lapopie, sur son éperon rocheux. *Photo J. Thomas/Zapa.*

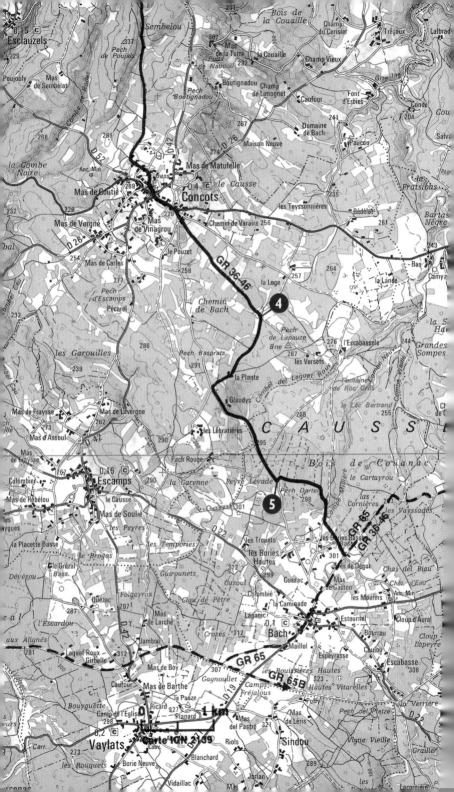

Située à 281 m d'altitude, la commune de Concots se trouve dans un site très vallonné en raison de dépressions, appelées « cloups », et de vallées sèches entamant le plateau dont les eaux souterraines s'écoulent vers le Lot.

Le château fort a été construit au 13e siècle. Son enceinte, « le fort », est divisée en plusieurs habitations. Le donjon, « la tour de l'horloge », a été habité jusqu'à la Révolution par les seigneurs successifs : Concots, Cardaillac, Bécave et Mauriac. Le village est pittoresque avec ses tours, tourelles, ses pigeonniers et ses maisons jointives : on bénéficie d'une vue d'ensemble depuis le cimetière.

L'église, démolie au 19e siècle, se trouvait près du cimetière, face au château et dominait la dépression du « lac » ou conque : résurgence de la rivière souterraine de la Combe noire que suit la route vers Cahors, d'où, peut-être le nom de Concots. Pierres à cupules, puits romains au Mas de Nuc, puits des Anglais sur la route de Saint-Cirq-Lapopie, vestiges de dolmens et peut-être de tombes romaines (comme pourraient l'attester des morceaux de tuiles et de poteries, ainsi qu'une monnaie romaine découverte à proximité du puits) sont les témoins de sites plus anciens.

Aujourd'hui, Concots reste un village vivant, à dominante agricole.

Prendre la D 911 en direction de Limogne. A un carrefour *(calvaire)*, emprunter à droite la route de Bach ; laisser à gauche la route d'Escabassole et s'engager peu après sur la gauche sur un chemin castiné *(blanc)* qui, 2 km plus loin, atteint un carrefour de quatre chemins.

**4** Prendre le chemin de droite entre des murettes. Après la ferme de la Plante *(cazelles)*, parvenir à un autre carrefour *(croix)* avec la route de Bach. L'emprunter à gauche sur 1,3 km. Après un puits et le lac de Saint-Namphaise *(retenue d'eau artificielle)*, continuer 100 m sur la route.

**5** S'engager à gauche sur un chemin bordé de murets ; 500 m plus loin, prendre à droite (Sud) un chemin pierreux descendant à une habitation isolée. Avant celle-ci, tourner à gauche *(pour voir un grand puits et un bac de pierre au fond d'un cloup : monter sur le talus de gauche)*. Laisser un chemin à droite *(citerne à l'angle)* et arriver à un carrefour de quatre chemins à proximité du hameau des **Bories-Basses**.

Jonction avec le GR® 65. A droite (Sud-Ouest), il se dirige vers Bach et Cahors. A gauche (Nord-Est), il rejoint Béduer. Vers le Nord-Est, le GR® 65 est commun avec les GR® 36-46 jusqu'à La Plane, près de Varaire (topo-guide des GR® 36-46 *Tour des Gorges de l'Aveyron*).

# Les itinéraires

# Le GR® 652
## de Gourdon à La Romieu

## Gourdon à Costeraste 6 km 1 h 30

A Gourdon : 🏠 🏨 🛏 🏕 🛒 🍴 ☕ ℹ️ 🚌 🚉
Centre équestre en été. Plan d'eau, piscine, location VTT.
A Costerate : 🚌

Bâtie sur une butte, à la limite du Quercy et du Périgord, Gourdon est la capitale de la Bouriane, le bocage quercynois. Eglise Saint-Pierre, esplanade, hôtel de ville, porte fortifiée, rue du Majou, maison d'Anglars, église des Cordeliers...

**1** Le GR® 652 (commun avec le GR® 64) longe l'église des Cordeliers, traverse la route de Fumel et emprunte la rue du Mont-Saint-Jean sur 200 m.

➤ Séparation du GR® 64 qui continue en face vers Domme.

Le GR® 652 monte à gauche la rue Maître-Pierre et tourne à droite dans la rue du Marché-Vieux (*chapelle à gauche*). Passer derrière l'hôpital. Après 800 m, tourner à gauche et contourner les abattoirs. Emprunter la D 1 sur 300 m. Suivre dans le prolongement l'ancien chemin de Gourdon à Costeraste.

**2** Après Flagel, tourner à gauche sur la D 39 puis à droite. Franchir plusieurs ruisseaux. Après Pechredon, couper la D 693 et monter au cimetière, puis prendre le sentier montant à gauche et arriver à **Costeraste**.

## Costeraste à Salviac 12 km 3 h

Salviac : 🏨 🛏 🏕 🛒 🍴 ☕ ℹ️ 🚌

Derrière la placette gazonnée de Costerate : ensemble calvaire, chapelle, château, presbytère aux fenêtres Renaissance. Près du portail de l'église, « travail » (atelier de plein air où l'on ferrait les sabots des vaches).

Le GR® se faufile derrière la chapelle et plonge sous une voûte de buis, poursuit par un sentier dans la vallée du Céou (*à sec l'été, torrentueux l'hiver*). Le franchir. Monter sur l'autre versant, longer une décharge, traverser la D 51. La rejoindre 1 km plus loin au Combel de l'Ase.

➤ Le parcours est maintenant commun avec la piste équestre n° 3 (*balisage orange*).

Suivre à droite sur 500 m la D 51 et continuer par un chemin sur 500 m.

**3** Prendre à gauche un chemin qui rejoint Lantis.

Rocamadour. *Photo J. Thomas/Zapa.*

L'attrait pouvait être grand, pour un pèlerin parvenu à Figeac, de visiter, chemin faisant, le sanctuaire quercynois de Notre-Dame-de-Rocamadour, quitte à faire un petit crochet vers le Nord, plutôt que de mettre directement le cap sur Cahors. Une fois parvenu à Rocamadour, le même pèlerin avait le choix entre rejoindre la voie classique à Cahors puis gagner Moissac, ou négliger cette étape et se diriger vers Agen, pour ne reprendre la route principale qu'en Armagnac, vers Lectoure ou Condom.

De nos jours, la variante, dite GR® 652 (qui commence à Gourdon), évoque cette possibilité. Elle ne correspond cependant pas exactement à la variante agenaise des siècles passés. En effet, nombre de localités traversées par ce GR® sont dépourvues de tout souvenir des pèlerins ou du culte de saint Jacques, tandis que certaines localités, où des souvenirs jacquaires sont encore visibles, se trouvent délaissées. C'est un autre exemple du futur chemin qui sera emprunté par les pèlerins du 21e siècle et dont on ne pourra dire qu'il est le « chemin historique ».

Quoi qu'il en soit, le passage par Rocamadour et Agen est, lui, bel et bien « historique ». Envisageons-le dans ses grandes lignes.

De Figeac, les pèlerins gagnaient Rocamadour par Fons, Issepts, Rudelle, Thémines, Issendolus, Gramat et L'Hospitalet.

Leurs dévotions à Notre-Dame et à saint Amadour accomplies (s'ils ne décidaient pas de mettre cap au Sud pour rejoindre Cahors par Carlucet, La Bastide, Cras et Laroque-des-Arcs), ils pouvaient faire route par Mazès (où se trouvait un hôpital Saint-Jacques) vers Le Vigan et Gourdon. Dans ces deux localités existaient des hôpitaux susceptibles de les recevoir.

De Gourdon, l'itinéraire « historique » le plus vraisemblable est : Lavercantière (prieuré bénédictin), Les Arques (autre prieuré), l'Oustalou (lieudit au nom évocateur d'un asile routier), Pomarède (prieuré bénédictin), Duravel (prieuré clunisien de Saint-Pierre de Moissac), Monsempron (prieuré bénédictin d'Aurillac), Penne-d'Agenais (vitrail de saint Jacques dans l'église), Loustalnaou (autre toponyme évocateur), Sauvagnas (commanderie des chevaliers de Saint-Jean-de-Jérusalem) et Agen.

Dans cette cité épiscopale, les pèlerins pouvaient bénéficier de quatre hôpitaux ou prieurés-hôpitaux. Aucun, cependant ne faisait partie du vocable de saint Jacques. De même, s'y trouvait une commanderie de Templiers, dévolue aux chevaliers de Saint-Jean de Jérusalem après la destruction de l'ordre du Temple par Philippe le Bel. Mais, il ne faut guère se faire d'illusion sur le rôle hospitalier de pareilles commanderies pour nos pèlerins. Les Templiers (comme, plus tard, les chevaliers de saint Jean) considéraient leurs dépendances occidentales comme des sources de revenus et non pas comme des lieux d'hospitalité. En pleine campagne, la présence de ces moines-soldats pouvait contribuer à sécuriser le voyageur. En ville, elle ne leur apportait rien. Par ailleurs, la ville d'Agen ne recèle qu'un souvenir unique du culte de saint Jacques le Majeur : un vitrail dans l'église Saint-Hilaire.

Notre-Dame-de-Peyragude à Penne d'Agenais. *Photo D. Lelann/Zapa.*

D'Agen, plusieurs routes s'offraient aux pèlerins pour rejoindre la voie principale : par Layrac (prieuré clunisien), Astaffort (commanderie de l'ordre de Saint-Jacques-de-la-Foi et de la Paix) et Lectoure ; par Dolmayrac (prieuré bénédictin), Aubiac (prieuré d'appartenance inconnue), Cazaux (prieuré bénédictin), Nomdieu (commanderie des chevaliers de Saint-Jean) et Condom ; par Nérac (plusieurs établissements dont un prieuré bénédictin et une commanderie de chevaliers de Saint-Jean), Mézin (prieuré clunisien conservant, toujours visible, une belle statue de saint Jacques), Rombœuf (prieuré clunisien) et jonction avec la *Strata publica sancti Jacobi* à l'hôpital de Pardeilhan ; enfin (et c'est le trajet du GR® 652) par Moirax (prieuré clunisien) en suivant une ancienne voie romaine, dite voie Peyrigne, jusqu'à la commanderie d'Abrin, édifiée entre Lectoure et Condom.

...nne-d'Agenais.
*...oto J. Thomas/Zapa.*

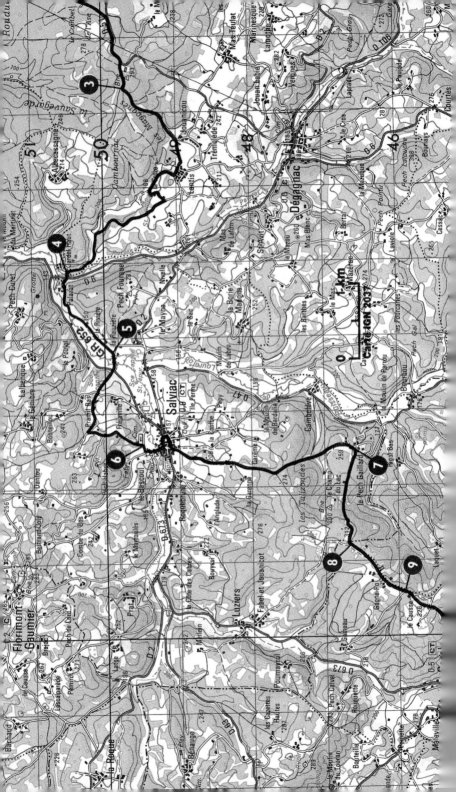

Passer à La Croze et suivre à droite la route jusqu'à Jardel-Haut.

**4** Franchir le ruisseau du Palazat, traverser la D 6 et monter dans un chemin longeant le ruisseau de Lourajou. Suivre vers l'Ouest la vallée.

**5** A La Rauzière, franchir le Lourajou. Traverser la D 673 et monter, entre deux haies, à Pramil, puis redescendre à gauche au cimetière de Salviac.

**6** Tourner à droite, puis à gauche (*à droite : chapelle Notre-Dame-de-l'Olm*). Plus loin, passer près d'une fontaine circulaire (15e). De là, une venelle permet de monter au bourg de **Salviac**.

## e Salviac à Cazals                7 km | 1 h 45

*A Cazals :* 🏠 🛏 🏕 🛒 ✕ ℹ 🚌

Dès le début du Moyen Age, Salviac était un centre de commerce important et une ville fortifiée. Pendant la guerre de Cent Ans, le bourg dut à sa situation routière privilégiée d'être envahi et occupé à plusieurs reprises par les Anglais contre les troupes de Philippe le Bel. Le seigneur était à cette époque Guillaume de Gourdon de Salviac. A la Révolution, la ville connut encore bien des exactions. La plupart des tours des châteaux furent « tronquées » et les demeures seigneuriales vendues comme « biens nationaux ».
La chapelle Notre-Dame-d'Olt, datant du 13e siècle, possède une Vierge à l'Enfant. On suppose que cette chapelle fut créée à l'époque des longs pèlerinages de Rocamadour et de Saint-Jacques-de-Compostelle.
L'église Saint-Jacques de style gothique, avec son toit de pierre, sa nef majestueuse, ses chapelles latérales et ses vitraux, date du début du 14e siècle.
Construit à la fin du 14e siècle, le château Rouge est de style gothique avec « arcs en accolade », prélude de l'art de la Renaissance. Il n'en reste que des vestiges.
Le château des Templiers appelé aujourd'hui Château de la Coste est une forteresse aux tours en forme de poivrière. Sauvé du délabrement par Pierre Mazars (critique d'art et homme de lettres), cette demeure est un authentique témoignage des deux ordres religieux présents sur la commune (Hospitaliers et Templiers).

Obliquer à droite dans la rue principale de **Salviac** ; 30 m plus loin, suivre à gauche une ruelle en montée qui conduit sur un plateau sauvage. Un large chemin de causse a prolonge et conduit au hameau de Pech Gaillard.

**7** Contourner une croix de pierre et prendre, direction Nord-Ouest, une route qui monte au Champ du Lac.

**8** Suivre à gauche (Sud-Ouest) un large chemin.

**9** Après le lieudit Gagne Po, descendre par une sente entre des bois clairsemés au château de **Cazals**.

Bien située dans la vallée de la Masse, Cazals conserve son plan de bastide. Eglise construite sur une butte dominant le lac, plan d'eau, plage, château du 17e (privé).

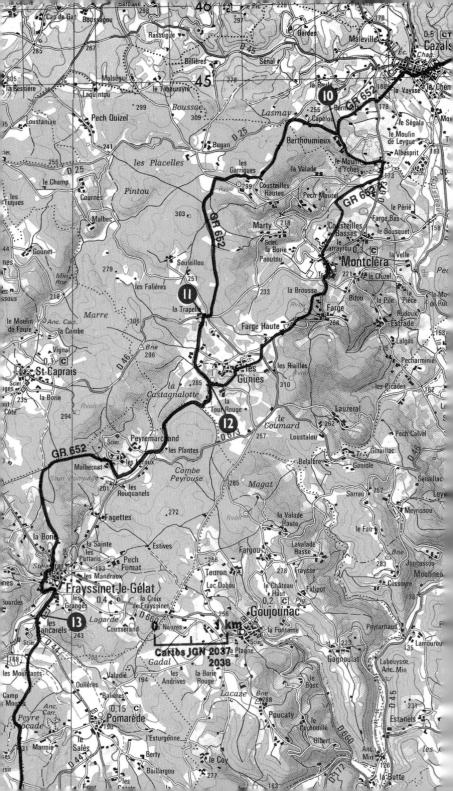

## e Cazals au hameau de Berthoumieux  `1,5 km` `25 mn`

Dans **Cazals**, le GR® emprunte plusieurs rues ou ruelles, passe devant le terrain de camping, contourne le plan d'eau par le Sud et monte à **Berthoumieux**.

## e Berthoumieux au carrefour des GR®  `5 km` `1 h 15`

▶ Deux possibilités pour se rendre à Frayssinet-le-Gélat :
– le GR® 652, dont le tracé reste presque exclusivement en forêt.
– la variante GR® 652A décrite ci-dessous qui permet de voir le château et l'église de Montcléra, mais emprunte à trois reprises des tronçons de la D 673.
La combinaison des deux itinéraires permet de parcourir un circuit de 10 km.

### Variante GR® 652A par Montcléra  `6 km` `1 h 30`

**10** A **Berthoumieux**, tourner à gauche et, 1 km plus loin, suivre à droite la D 673. Franchir un ruisseau et, 100 m après, remonter à droite la vallée puis grimper à travers bois sur le plateau (*vue à gauche sur Cazals*). Arriver dans **Montcléra**.

Château du 16e et poternes fortifiées ; corps de logis flanqué de trois tours (pas de visite) ; église Saint-Pierre de tradition romane, retables.

Suivre la D 673 vers le Sud sur 300 m (*point de vue sur le château*). Tourner à droite pour pénétrer en sous-bois. Passer à Farge-Haute, traverser Les Gunies et parvenir près d'une fontaine et d'un lavoir au carrefour des **GR® 652 et 652A**.

**10** A **Berthoumieux**, tourner à droite et au carrefour suivant, à gauche. Dans une clairière, parvenir à la ferme des Garrigues (*fontaine à droite au bord du chemin ; point de vue au Sud-Est sur Montcléra et son château*). Tourner à gauche. Pendant les 3 km qui suvent, l'itinéraire traverse une forêt d'aspect périgourdin (*limite du Périgord Noir*).

**11** A La Trapelle (*ferme au carrefour de six chemins*), continuer vers le Sud. Contourner Les Gunies et rejoindre, près d'une fontaine et d'un lavoir, le **carrefour des GR® 652 et 652A**.

## carrefour des GR® à Frayssinet-le-Gélat  `5 km` `1 h 15`

A *Frayssinet-le-Gélat :* 🏫 🛏 🏕 🛒 🍴 ( 🚌 *à la demande) centre équestre, plan d'eau*

**12** Du **carrefour des GR® 652 et 652A**, se diriger au Sud ; entrer en forêt. Suivre la vallée du ruisseau de Frayssinet ; le franchir à plusieurs reprises. Passer près de la ferme des Plantes et traverser Malbernat. Dans les bois, descendre à gauche par un chemin qui conduit à **Frayssinet-le-Gélat**.

## Pigeonniers et colombiers

Le Quercy blanc est particulièrement riche en pigeonniers, cependant longtemps réservés aux classes nobiliaires et ecclésiastiques. En 1789, le droit aux pigeonniers s'ouvre à toutes les classes en restant un élément de prestige. Dès lors, pratiquement toutes les fermes quercynoises acquièrent leur volière. Celles-ci sont essentiellement recherchées pour les fientes de pigeons qui fournissent une indispensable fumure pour les cultures, la colombine, dans un pays pratiquement dépourvu d'élevage.

A tel point que le pigeon fait occasionnellement partie des dots de mariage.
Le Lot ainsi que la partie quercynoise du Tarn-et-Garonne sont renommés pour leurs nombreux pigeonniers parmi les plus beaux de France. Généralement quadrangulaires,

les colombiers peuvent être intégrés aux maisons d'habitation qui, dès lors, prennent des allures de petits châteaux : soit en tourelle sur le côté, soit encadrant la façade sur les deux angles. Ils peuvent aussi se trouver à distance de la maison, de préférence en limite de la propriété mitoyenne pour permettre aux volatiles d'aller se ravitailler chez le voisin tout en rapportant leur précieuse fumure au propriétaire. Coiffée d'un toit de tuiles plates à trois ou quatre pentes, la volière était généralement surmontée d'un lanterneau par les faces duquel s'envolaient les volatiles. Le pigeonnier était souvent juché sur des pilotis, colonnes ou piliers voûtés, pour en interdire l'accès aux rats et aux fouines. Le canton de Lalbenque abonde ainsi en superbes pigeonniers-tours cylindriques à lanternons.
En Quercy, l'épierrement des champs fait partie de la vie quotidienne.

## Cabanes de pierre sèche

De tous temps, les bergers ont eu l'habitude de ramasser et d'entasser les pierres, avec lesquelles ils élevaient des murets délimitant les parcelles. Par la suite, ils ont mis en pratique leur connaissance de la pierre sèche pour édifier des constructions plus sophistiquées, appelées dans la région « gariottes » (au nord de la vallée du Lot) ou « cazelles » (autour de Cahors), ce qui signifie « petites maisons ». Enchâssées dans

Gariotte ou cazelle, petite maison en Quercy.
*Photo A. Kumurdjian/Zapa.*

l'épaisseur des murs d'empierrement ou isolées, elles servaient de remise et d'abri temporaire aux paysans pendant des travaux des champs. Le Quercy abonde en cabanes de pierre sèche, surtout sur les Causses et dans les zones calcaires fournissant des pierres litées. De plan carré ou circulaire, ces modestes édifices en dalles calcaires, sans aucun liant, sont pourvus de belles toitures artistement conçues. Les pierres sont empilées et progressivement décalées pour former une voûte en encorbellement. Parmi les plus grandes, certaines gariottes ont été habitées jusqu'à une époque récente.

## ■■■■■ Des moulins-tours à calotte tournante ■■■■■

Dès la fin du 12e siècle, le moulin à vent occupa une place prépondérante dans la vie quotidienne des campagnes. La meunerie constituait autrefois l'unique industrie et le Quercy vit fleurir au sommet de ses « pech » (colline isolée) une multitude de moulins à vent. Chaque château, chaque abbaye de la région possédait son moulin : tour cylindrique de sept à huit mètres coiffée d'un toit tournant, en chêne ou en châtaignier, destiné à maintenir les ailes au vent. Le moulin du Quercy avait pour seule vocation d'écraser le grain et disposait au minimum de deux meules : l'une pour le blé, l'autre pour les autres céréales et graines diverses. Les murs en pierre appareillée reposaient sur une base très résistante pouvant atteindre 1m 50 d'épaisseur, qui allait en diminuant vers le sommet. Au rez-de-chaussée, un lit pour le meunier lui permettait de surveiller la bonne marche du moulin. Traditionnellement, le moulin faisait partie intégrante de la vie de village. Pour un mariage, les ailes du moulin disposées en croix de Saint-André (x) étaient décorées de fleurs et de

Moulin à vent.
*Photo R. Zeboulon/Zapa.*

guirlandes. A la mort du meunier, elles étaient immobilisées en signe de croix (+). Le département du Lot conserve encore quelques moulins à vent en état de marche.

Castet IGN 1938-2038

*A Montcabrier :* 🏠 ⛺ 🛒 ✕

Le GR® contourne **Frayssinet-le-Gélat** par l'Ouest, passe entre une fontaine et un lavoir, puis emprunte à droite la D 673 et passe devant le cimetière. Prendre à gauche la route de Puy-l'Evêque (D 44). Devant le stade, franchir le ruisseau de Pomarède.

**⑬** S'engager à droite dans un chemin de terre qui monte sous bois à Peyre Trocade.

▶ Attention : la cueillette des champignons est interdite.

**⑭** Dans le virage de la route, s'engager à gauche dans un chemin et poursuivre au Sud-Ouest, alternativement entre des bois de châtaigniers, des prairies, des champs de maïs et des vignes.

Hors GR pour **La Borde** : `0,5 km`  `10 mn`

*A La Borde :* ⛺

Tourner à droite pour gagner le terrain de camping.

**⑮** Tourner à gauche sur une route, couper la D 28 pour aboutir à Fraysse-Haut. Continuer tout droit à travers bois. Le GR® débouche entre deux vignes près de la ferme de Cuzorn. Prendre la route d'accès à la ferme de Salsac. Tourner à gauche pour gagner **Montcabrier**.

Ce petit village haut perché, aux belles maisons couleur d'ambre, est une ancienne bastide fondée au 13e siècle (1297) pour le roi de France par Guy de Caprari, sénéchal du Quercy, qui lui donna son nom. Le bourg a conservé son plan géométrique originel et le quadrillage de ses rues.

Des maisons anciennes (à échauguette, aux ciseaux) entourent la place qui respecte le plan en damier tout à fait caractéristique des bastides. On y voit notamment la « maison à tourelle » de la cour royale de Montcabrier. Un portail de style flamboyant à nervures prismatiques orne l'entrée de l'église Saint-Louis, reconstruite en partie au 14e siècle. A l'intérieur, il ne faut pas manquer de voir le retable sculpté du 18e siècle, la statue de Saint Louis entourée d'ex-voto et quelques traces de peintures murales du 15e siècle.

De l'autre côté de la vallée, se dresse Pestillac, bastide en lutte permanente avec Montcabrier, dont il subsiste encore quelques vestiges.

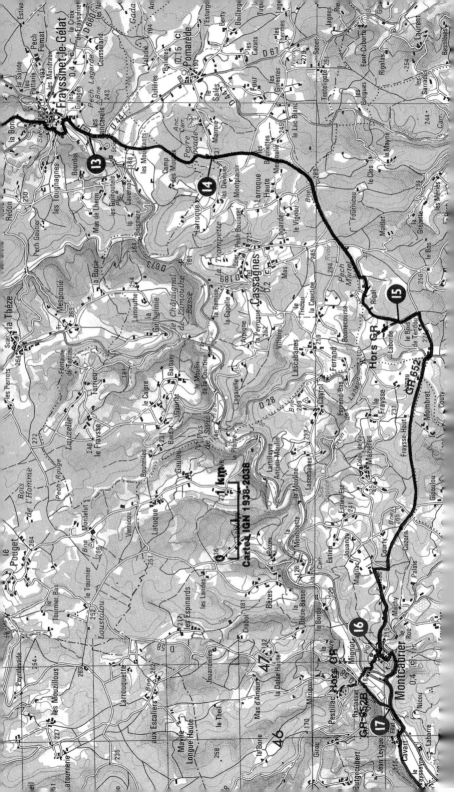

## Montcabrier au pont de la Thèze
`600 m` `10 mn`

Deux possibilités pour rejoindre la vallée de la Thèze :
– soit le GR® 652 impraticable à cheval ;
– soit la variante GR® 652B (décrite ci-dessous), accessible aux cavaliers, qui emprunte l'ancien chemin d'accès à la bastide.

### Variante GR® 652B
`600 m` `10 mn`

**16** Tourner le dos au portail de l'église de **Montcabrier**. Prendre à droite, au pied d'une maison à fenêtre géminée, le chemin en descente. Il se transforme en sentier et décrit des lacets. Traverser la D 673 puis la Thèze. Gagner le carrefour des D 58 et D 68.
► Hors GR balisé à 5 mn par la D 68 : ruines du château de Pestillac (*11e et 12e ; il est possible d'en faire le tour par un chemin circulaire*).

Au carrefour, s'engager à gauche dans un chemin herbeux qui franchit un ruisseau à gué et monte à travers bois. Arriver à une patte d'oie.

►On peut en 5 mn (*balisage par une étoile au sol*) aller voir une arche naturelle et une cazelle : suivre à droite le sentier en forte montée qui conduit à l'arche naturelle creusée dans la falaise (*parcours d'escalade*).

A la patte d'oie, un autre sentier (panneau) conduit en 50 m à une cazelle.

A la croisée des chemins, suivre en descente le sentier qui franchit le **pont de la Thèze** (*jonction avec le GR® 652*).

**16** Tourner le dos au portail de l'église de **Montcabrier**, passer au pied de la maison à échauguette dite « Cour de justice » et continuer tout droit. Le GR® traverse le foirail, passe sous une porte, vestige de l'enceinte médiévale, dévale la pente par un sentier pierreux, traverse la D 58 et rejoint la vallée. Suivre à gauche la D 673. Parvenir près du stade au **pont de la Thèze**.

## pont de la Thèze au carrefour des GR®
`2 km` `30 mn`

**17** Après le pont de la Thèze, suivre la D 673 sur 300 m puis tourner à droite. Franchir la Thèze (à gauche : chambres d'hôtes ; à droite : hôtel et restaurant). Continuer à travers champs et prés jusqu'au **carrefour des GR® 36 et 652**.

## carrefour des GR® à Saint-Martin-le-Redon
`800m` `15 mn`

Saint-Martin-le-Redon :  (*pique-nique possible*)

► A droite, le balisage du GR® 36 conduit en 6 km au château de Bonaguil.

**8** Emprunter la route à gauche jusqu'à **Saint-Martin-le-Redon**.

Castelnau. *Photo J. Thomas/Zapa.*

La naissance des premières agglomérations regroupées autour de l'église paroissiale remonte à l'an 1000. Par la suite, castelnaux et bourgs fortifiés se développent autour d'un château, tandis que les « sauvetés » se constituent autour d'un établissement religieux. Entre le 12e et le 14e siècle, les puissances anglaises et françaises choisissent d'asseoir leur pouvoir en Gascogne, en jalonnant de places fortes les limites de leurs territoires respectifs. Un urbanisme nouveau se fait jour, au service d'une préoccupation militaire et administrative, notamment pour attirer la population dans une région désertée ou décimée par la guerre. C'est ainsi que naissent les bastides, véritables chefs-d'œuvre de l'urbanisme médiéval. Ces villes nouvelles sont bâties selon un plan immuable, en échiquier carré ou rectangulaire, la plupart du temps fortifiées. L'ensemble se déploie autour de la place centrale où s'élève souvent une halle, circonscrite par des galeries couvertes, les « couverts » ou « garlandes », surmontées par le premier étage des habitations.

## Les soleilhos

Les soleilhos font partie intégrante de l'architecture urbaine du Quercy. De nombreuses maisons de la région ont conservé ces galeries couvertes courant sous la toiture, sorte de grenier garni d'ouvertures que séparent des colonnes ou des piliers. Cumulant aération et ensoleillement, les soleilhos servaient au séchage du linge, voire des peaux dans le quartier des tanneurs, ainsi qu'au stockage des provisions.

Le Quercy a su conserver un impressionnant patrimoine de maisons rurales, au caractère primitif s'intégrant à merveille au milieu naturel. Fait de moellons cubiques de calcaire blanc assemblés au mortier de chaux, l'« oustal » du Quercy se présente comme une maison-bloc en hauteur caractérisée par ses décrochements de toitures et de tours pleins de charme. Jadis en terre battue, la « cave » du rez-de-chaussée est réservée à l'étable à moutons, l'écurie et les magasins. L'habitation familiale occupe le premier étage. On y accède par un escalier extérieur en dalles de pierre aboutissant à une terrasse appelée « bolet ». Celui-ci est souvent couvert d'un auvent de tuiles canal soutenu par des montants en bois ou des colonnes de pierre. La pièce principale comprenant la cuisine est pourvue d'une vaste cheminée, le « cantou », qui occupe parfois toute la largeur du mur et permet de s'asseoir sous le manteau. Dans un recoin, la « souillarde » comporte un évier creusé dans une dalle de pierre. La salle commune donne sur une ou plusieurs chambres aux fenêtres plus hautes que larges. A l'origine, la charpente devait être particulièrement résistante pour supporter le toit à forte pente recouvert de lauzes, par la suite remplacées par des tuiles. La pente du toit favorise la récupération des eaux de pluie, nécessaire dans le causse. Une ouverture triangulaire dans le toit permettait l'éclairage et la ventilation du grenier. Celui-ci servait de séchoir et d'entrepôt pour le foin, le fourrage, le grain. Les maisons les plus riches étaient flanquées d'un pigeonnier-tourelle en angle ou au centre de la façade. Un muret de pierre clôturait généralement les terres. Lorsque les tuiles canal ont remplacé les anciens matériaux, sont apparus des toits méditerranéens à faible pente. Ainsi, dans la vallée du Lot, en aval de Cahors surtout, les maisons de vignerons supportent une toiture recouverte de tuiles canal accusant une pente inférieure à 25°. Des génoises maintiennent à distance le ruissellement des eaux pluviales. Ces demeures vigneronnes réservaient le rez-de-chaussée aux tâches de vinification et au chai de conservation. La ferme des causses se caractérise par sa bergerie voûtée, souvent en berceau plein cintre, qui protège les bêtes des rigueurs de l'hiver et des canicules de l'été. Le toit « celtique » à forte pente fait parfois place à la toiture « méditerranéenne ». La maison caussenarde s'entoure généralement de la traditionnelle murette en pierres sèches.

Toits de la maison caussenarde.
*Photo A. Kumurdjian/Zapa.*

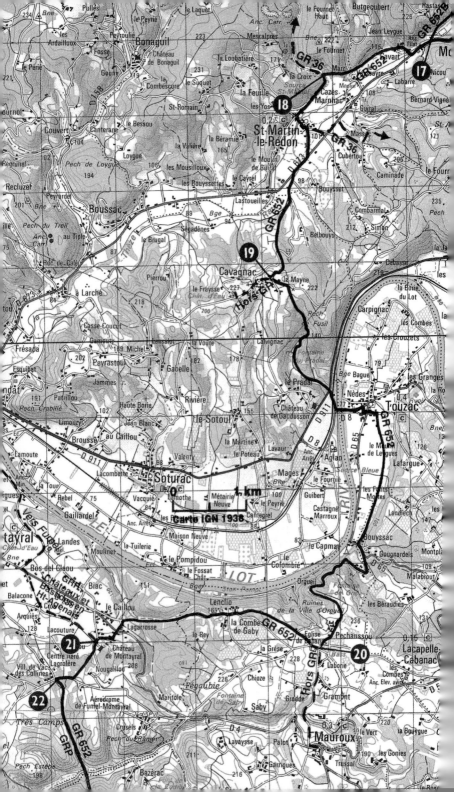

Carte IGN 1938

1 km

## Saint-Martin-le-Redon à Touzac

`5,5 km` `1 h 25`

*A Touzac :* 🏨 👤 ✕ 🚌

Saint-Martin-le-Redon groupe ses maisons au bord de la Thèze et autour du solide clocher de son église dont certaines parties romanes sont conservées.

▶ A la sortie de **Saint-Martin-le-Redon**, le GR® 36 part à gauche vers Cahors.

Le GR® 652 tourne à droite devant le monument aux morts puis emprunte à droite la D 673 sur 300 m. Prendre à gauche la route de Cavagnac et la quitter pour un raccourci montant entre prairies et bois jusqu'aux fermes du Mayne (commune de Soturac).

Hors GR balisé pour **Cavagnac :** `0,5 km` `10 mn`

Suivre à droite la route qui conduit à l'église de Cavagnac (*clocher ajouré*), puis gagner la statue de Notre-Dame-des-Champs (*panorama sur la vallée de la Thèze*).

**19** Le GR® 652 part à gauche sur 300 m. Tourner à droite (croix). Longer une vigne et amorcer une longue descente vers la vallée du Lot. Franchir successivement la D 911, l'ancienne voie ferrée de Libos à Cahors et le Lot avant d'entrer dans **Touzac.**

## Touzac à l'église de Cabanac

`4 km` `1 h`

Touzac est un petit village rural. Le blé, le maïs et le tabac y sont cultivés.
Sur la commune de Cabanac et Mauroux, le château et la ville d'Orgueil, cité importante au 12e siècle, furent entièrement détruits par le comte d'Armagnac, pendant la guerre de Cent Ans, pour se venger du seigneur d'Orgueil, lequel avait livré la ville de Puy-l'Evêque aux Anglais.
C'est, de nos jours, un site archéologique médiéval important.

Traverser **Touzac** puis suivre, à travers champs, un chemin herbeux assez rectiligne.

▶ A mi-parcours : itinéraire de randonnée (*balisage orange ; R4 et piste 1*) qui, par Vire-sur-Lot, Girard et Cazes, ramène, en 13 km au GR® 652, au Bois de Tendou (commune de Puy-l'Evêque).

Poursuivre jusqu'au terrain de camping de Bouyssac. Suivre à gauche la D 65 sur 150 m. La quitter pour un chemin qui grimpe sur la colline dominant la rive gauche du Lot. Traverser Péchaussou et passer peu après devant l'**église de Cabanac** (*église dépendant de Mauroux, isolée sur le plateau : abside romane harmonieuse*).

Hors GR pour **Mauroux :** `1,5 km` `25 mn`

🏠 🏨 👤 🛒 ✕ ℹ️

*Voir tracé en tirets sur la carte.*

## l'église de Cabanac au château de Montayral `3,5 km` `50 mn` ▬

**20** Emprunter vers le Nord-Ouest un chemin qui mène à La Combe de Gaby. Suivre un chemin gravillonné (département du Lot-et-Garonne). Juste avant Le Caillou, contourner une maison neuve par la gauche. Couper la D 139 et monter vers Lafon. Prendre la route à gauche. Arriver en face du **château de Montayral**.

## château de Montayral à Tournon-d'Agenais `11,5 km` `2 h 55` ▬

*A Lagrolère :* 🏠

*A Tournon-d'Agenais :* 🏠 🏢 🏕 🛒 🍴 ☕ ℹ️    *Point Info Rando*

Construit au 13e siècle par des Templiers, sur les hauteurs dominant les débouchés du Lot, le château de Montayral est un des rares bâtiments de l'époque encore habité.

Par GR® de Pays : **Fumel :** `6 km` `1 h 30` ▬

*A Fumel :* 🏢 🛒 🍴 ☕ ℹ️ 🚌
*A Monsempron-Libos :* 🚆

Suivre à droite le sentier GR® de Pays *Châteaux et bastides en Haut-Agenais.*

**21** Peu après l'allée du château, obliquer à droite sur un sentier qui monte en sous-bois (*au sommet à gauche, restaurant de l'aérodrome*). Suivre la route à droite vers l'observatoire (*centre de vacances, bungalows, centre de loisirs ; de l'observatoire : points de vue sur la vallée du Lot et les pechs qui l'entourent*).

**22** Tourner à gauche, face à l'observatoire, à travers des pins, puis entre deux champs le long d'un grillage. Traverser une route. Aller en face dans un sous-bois puis en bordure de champ. Au sommet de la côte, suivre la route à droite sur 300 m. Tourner à droite vers Lansac. Contourner Lansac par la droite. Après une patte d'oie, prendre à gauche pour descendre dans la Combe Escure. Suivre la route à gauche sur 200 m. Dans un virage, s'engager à droite dans un bois. Passer devant la ferme de Reillou ; 0 m après, tourner à droite. Traverser la route de Thézac.

> Hors GR à 1 km à droite pour **Lagabertie :** 🏠

**23** Gagner Miret et poursuivre vers le Sud-Est (*à 800 m à gauche : visite de la cave des vins du Tsar*). Suivre la route à droite. Laisser à droite Castang (*point de vue sur Tournon*). En bas, suivre la route à droite et emprunter un chemin à gauche qui mène à Le Perche. Suivre le chemin tout droit qui descend sur une route à Rouquets.

**24** Tourner à droite en longeant le ruisseau de La Barre. Après le pont, continuer tout droit jusqu'au pied de la bastide de Tournon. Au rond-point de la D 656 (*point Info Rando*). Monter vers le village. A 10 m, tourner à gauche entre deux maisons et à nouveau à gauche vers la porte Nord de la bastide de **Tournon-d'Agenais**.

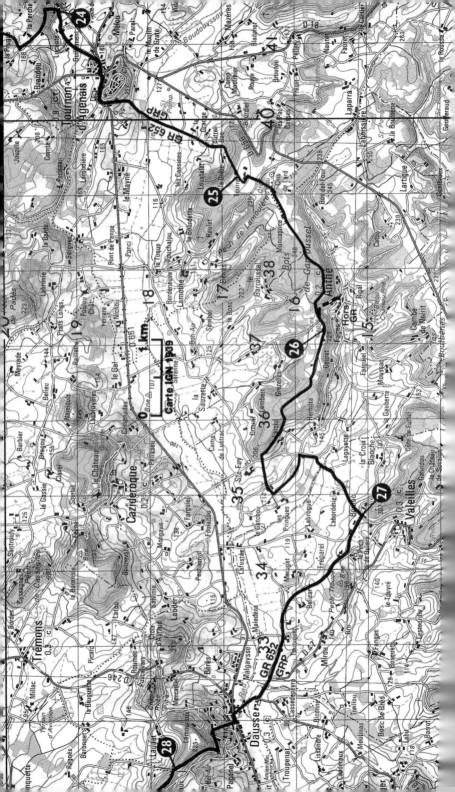

## Tournon-d'Agenais à Monplaisir `5,5 km` `1 h 20`

*A Anthé :*

Tournon-d'Agenais, bastide fondée par Alphonse de Poitiers, fortifiée par Edouard 1er d'Angleterre en 1282. Place forte protestante, cornières, beffroi du 17e avec horloge lunaire (phases de la lune), tour de rondes, point de vue sur la vallée du Boudouyssou et la forêt du Verdus, maison du 13e ayant servi d'église, l'église primitive ayant été détruite pendant les guerres de Religion.

Sortir de la bastide par la porte Nord. Tourner à gauche. Au stop, prendre à gauche. Après 30 m, descendre à droite pour aboutir sur une route en contrebas. La suivre à gauche sur 2 km (*à droite : moulin de Favol, point de vue sur la bastide*). Au bout de la route, poursuivre tout droit dans un chemin en sous-bois très raide.

**25** Après une maison de pierres, prendre à gauche. Passer derrière une autre maison. Traverser une route et prendre le chemin en face. Emprunter une route à droite prolongée par un chemin sur la crête boisée (*à la sortie du bois, vue à gauche en contrebas sur Anthé*).

Hors GR® pour **Anthé :** `500 m` `10 mn`

Traverser la route en direction de **Monplaisir**.

## Monplaisir à Dausse `8,5 km` `2 h 15`

*Dausse :* 🏠 ☕ 🛒 🍴

**26** Après la maison, emprunter le chemin tout droit. A la sortie du bois, avant une ligne, tourner à droite à nouveau dans les bois. Traverser une route et poursuivre la descente par le chemin en face.

A droite, vue sur le lac dominé d'un ensemble restauré de style Renaissance : le château de Sainte-Foy et sa chapelle.

Traverser la route en direction de Latapie. Au carrefour suivant, tourner à gauche. Au calvaire, suivre la route en direction de Valeilles.

**27** Au croisement en face du Vieux Manoir, tourner à droite. Se diriger par une succession de routes vers Dausse en gardant en point de mire l'imposant château de Puycalvary perché sur un pech boisé. Passer sur les ponts des deux bras du Boudouyssou pour entrer dans **Dausse**.

Le château de Puycalvary, édifié au début du 16e siècle par la famille de Raffin, a été restauré au 18e siècle. Chapelle datée de 1536. Propriété privée.

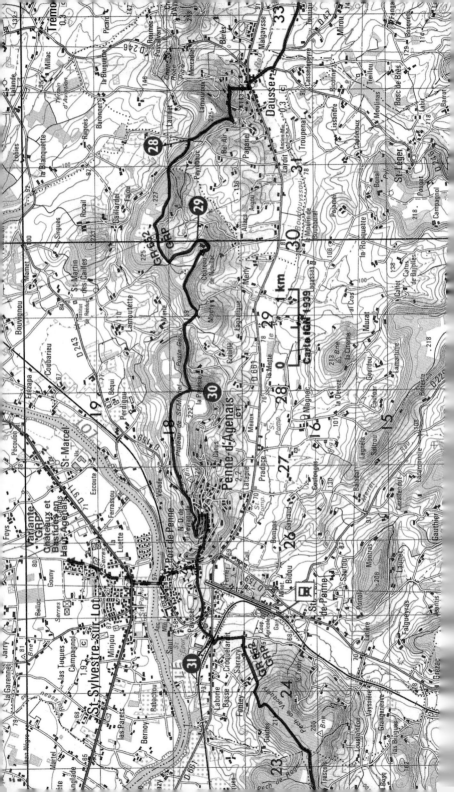

## Dausse au château de Noaillac 4 km 1 h

Passer devant l'église de **Dausse**. Traverser la D 661 et, à l'angle d'un salon de coiffure, prendre le chemin qui longe un bosquet et débouche sur une place. Reprendre le chemin dans le bois et s'engager dans un autre chemin, à droite, qui longe une villa.

**28** A un carrefour de chemins, bifurquer à gauche. Traverser une route et prendre un chemin en face (*point de vue à gauche sur le château de Noaillac*). Suivre une route tout droit. Laisser Bel-Air à gauche et continuer en sous-bois sur le pech de Noaillac. Tourner à gauche puis, à 500 m, à droite. Contourner le **château de Noaillac**.

## château de Noaillac à Penne-d'Agenais 5 km 1 h 15

*A Penne-d'Agenais :* 🏛 🛏 🏕 🛒 ✕ ℹ️ 🚉 *(à 1,5 km au Sud-Ouest)*

**29** Au **château de Noaillac**, emprunter un chemin de crête (*points de vue des deux côtés*). Suivre la route à droite sur 100 m. Tourner à droite puis à gauche au carrefour suivant. Emprunter la route vers le plateau Saint-Michel.

**30** Prendre à droite un chemin très raide. Continuer en sous-bois sur un sentier dominant la vallée du Lot. Entrer par la porte de Ferracap dans **Penne-d'Agenais**.

## Penne-d'Agenais à l'église Saint-Germain 8 km 2 h

La porte de Ferracap tire son nom du voisinage des fourches patibulaires auxquelles on suspendait les condamnés à mort. Restes de fortification du 13e.

Dans **Penne-d'Agenais**, après la porte de Ferracap, suivre la rue de Peyragude qui mène à la basilique (*bâtie sur un ancien lieu de pèlerinage*). Contourner la butte du calvaire par la droite (*table d'orientation, panorama sur la vallée du Lot et les coteaux du Haut-Agenais ; derrière la basilique, ruines du château de Richard Cœur de Lion, témoins de luttes séculaires*). Descendre par la rue Notre-Dame.

Devant la mairie, emplacement du mercadiel où s'arrêtaient les pèlerins de Saint-Jacques (vitrail représentant saint Jacques dans l'église en contrebas). A voir : la rue Bombecul, la tour d'Alaric, la porte Ricard..., les différentes échoppes d'artisans d'art : potier, souffleur de verre, dinandier (fabricant d'objets médiévaux en laiton), peintres...

Quitter le village par la porte de la ville (13e). Descendre tout droit puis tourner à droite dans la rue Myre-Mory. Couper un lacet pour traverser un lotissement. Au rond-point, prendre la route en face. Continuer la descente jusqu'à la D 103. Passer devant le moulin et sur le pont roman du Boudouyssou à Payssel. Emprunter à droite la D 661 sur 100 m.

**31** Juste après le passage à niveau, tourner à gauche. Monter vers la ferme de Sarrazy et le pech de Vacquéry (*point de vue sur Penne*). Contourner le bois, puis emprunter un chemin très raide qui traverse le pech. Traverser la route de Trescols (les trois cols).

Le pèlerin a un but précis. *Coll. Part.*

Au 12e siècle, le canoniste Hostiensis définit ainsi le pèlerin : « D'une façon générale, nous appelons pèlerin celui qui se met en route depuis un endroit quelconque et il est considéré comme tel jusqu'à son retour chez lui ».
Il précise que le nom de *pèlerin* s'attache plus spécialement « à celui qui approche la personne du Pape ». Mais il admet cependant que « ceux qui vont visiter les sanctuaires des bienheureux apôtres Pierre et Paul et de tous les saints » sont aussi des pèlerins.

Le pèlerin a donc toujours un but précis (ce qui l'oppose au voyageur permanent qu'est le *gyrovague*). Le voyage implique un retour au point de départ par le même moyen de locomotion qu'à l'aller : existe-t-il beaucoup de ces authentiques pèlerins de nos jours ?

Dante s'exprime plus précisément : « Au sens large, est pèlerin quiconque est hors de sa patrie ; au sens étroit,

on n'appelle pèlerin que celui qui va à Saint-Jacques ou en revient...
On appelle pèlerins ceux qui vont au sanctuaire de Galice parce que la sépulture de saint Jacques a été plus éloignée de sa patrie que celle d'aucun autre apôtre ».

Le pèlerin est donc avant tout l'étranger (*peregrinus* en latin) et le pèlerin par excellence est celui de Saint-Jacques dans la mesure où Jacques le Majeur, enseveli en Galice, loin de son pays d'origine, est lui-même l'archétype du pèlerin.

De nos jours, les historiens médiévistes ont aussi tenté des définitions du pèlerin.

Pour Ed. R. Labande, les pèlerins sont « des chrétiens qui, à un moment donné, ont résolu de se rendre en un lieu défini et, à ce voyage qu'ils avaient résolu, ont subordonné l'organisation de leur existence ». Mais, n'existe-t-il de pèlerinages que « chrétiens » ? Qu'en est-il de La Mecque et de ses Hadjis ?

Pour Raymond Oursel, « un pèlerinage est l'acte volontaire et désintéressé par lequel un homme abandonne ses lieux coutumiers, ses habitudes et même son entourage pour se rendre, dans un esprit religieux, jusqu'au sanctuaire qu'il s'est délibérément choisi ou qui lui a été imposé par pénitence ; le pèlerin, au terme de son voyage, attend du contact avec le lieu saint, soit l'exaucement de quelque désir personnel légitime, objet recommandable en soi, mais non pas le plus noble, soit au degré le plus élevé, un approfondissement de sa vie personnelle résultant de la décantation du chemin, puis, parvenu au but, de la prière commune et de la méditation que celle-ci alimente ». Cette définition met l'accent sur le contenu spirituel de la démarche pèlerine et exprime ce qu'est la quête du pèlerin. Elle est cependant contradictoire car elle affirme être « un acte volontaire et désintéressé » tandis que l'auteur admet que le départ a pu être « imposé par pénitence ». Le pèlerin n'a, de ce fait, pas choisi le but de son voyage.

## Le costume du pèlerin

La silhouette du pèlerin de Saint-Jacques (dit *jacquet* ou *jacobite* ou encore, mais de façon péjorative, *coquillard*) est familière. C'est un personnage vêtu d'une grande robe, portant des sandales, un chapeau à large bord, une sorte de cape sur les épaules (que l'on appelle quelquefois « esclavine » mais à laquelle il faut plutôt donner le nom de « mantelet »). Il porte une besace en bandoulière, tient un grand bâton dans la main au sommet duquel une gourde est pendue. Le chapeau et la cape sont ornés des fameuses « coquilles saint Jacques », insigne distinctif des pieux voyageurs s'en revenant de Galice (coquilles ramassées sur le rivage de l'océan vers Padron). Les pèlerins la portèrent, plus tard, également en partant pour l'Espagne.

Ce costume traditionnel (dont un exemplaire est parvenu jusqu'à nous grâce à la famille du pèlerin Jean Juillet et qui a pu être exposé à plusieurs reprises) est essentiellement utilitaire : il s'agit de se protéger des intempéries et du soleil trop brûlant dans les contrées méridionales et surtout, l'été, en Castille. Il s'agit de se protéger contre les agressions des hommes et des animaux : c'est le rôle du bourdon qui est aussi (si ce n'est plus) utile à la défense du pèlerin qu'à sa marche. Aujourd'hui encore, le pèlerin se sert de son bourdon ferré pour éloigner les chiens, notamment à l'approche des fermes et dans les villages. A ce propos, il est recommandé de ne jamais tourner le dos au chien, et de ne pas le regarder dans les yeux. Un vieil adage dit : « chien qui aboie ne mord pas ».

Dans sa gourde (une calebasse), le pèlerin met une boisson : vin ou eau selon les régions et le climat ! Enfin, dans sa besace, il transporte ses provisions de bouche pour la journée et range les papiers qui attestent de sa condition : certificat des autorités ecclésiastiques de son domicile et la fameuse « Compostela », certificat de confession et communion à Saint-Jacques, qui prouvent, au retour, l'accomplissement de son voyage. A moins que, pour ces précieux documents, il ne dispose d'une boîte métallique spéciale du type de celles conservées au musée de Vendôme.

Ce costume de pèlerin (coquilles comprises) fut si populaire qu'il devint celui de tous les pèlerins, et non seulement de ceux de Galice : ainsi, au 16e siècle, voit-on représenter saint Roch, pèlerin de Rome, avec son chien et aussi tous les attributs du jacquet !

Le costume traditionnel du pèlerin.
*Coll. Part.*

**32** Prendre la route en face. Au carrefour suivant, tourner à droite. A 100 m, s'engager dans les bois. A la sortie de ces bois, longer un verger par la droite, puis un hangar à gauche. Passer au milieu des maisons de La Marsalle puis sur un pont avant de monter à l'**église Saint-Germain**.

## l'église Saint-Germain au rond-point `5,5 km` `1 h 40`

**33** De l'**église Saint-Germain**, suivre successivement des routes à droite, à gauche puis encore à droite. Après un tennis, monter vers les bois où se trouve la tour de Teyssonnat (*située à 100 m à droite*). Suivre un chemin sur le plateau qui domine Villeneuve et la vallée du Lot. Emprunter une route à gauche sur 500 m.

▶ Hors GR à 300 m : Les Huguets (*5 chambres d'hôtes*).

**34** Tourner à droite deux fois vers le pech de Reyssac. Contourner le pech par la gauche. Descendre la route à gauche. Au stop, traverser la N 21 et la suivre à gauche jusqu'à un **rond-point**.

Hors GR pour **Villeneuve-sur-Lot** : `2 km` `30 mn`

A *Villeneuve-sur-Lot* : ▦ ⛺ 🛒 ✕ ☕ ℹ 🚌

Emprunter vers le Nord l'ancienne N 21, puis des rues dans les faubourgs et franchir le Lot pour gagner le centre-ville de Villeneuve-sur-Lot.

Cité fleurie au milieu des vergers de pruniers, Villeneuve-sur-Lot, « bastide des bastides », fut créée sous le nom de Villeneuve d'Eysses au Moyen Age, qui devint Villeneuve d'Agen, puis Villeneuve-sur-Lot en 1874. Construites primitivement en bois, les maisons à colombages, fabriquées avec le bois des forêts environnantes, furent peu à peu remplacées par des constructions alliant la brique, la pierre et le bois.

L'église Sainte-Catherine renferme une suite de vitraux des 15e et 16e siècles. Le pont Vieux, contemporain du pont Valentré (de Cahors) était au 13e siècle surmonté de trois tours défensives qui furent détruites au 17e siècle. La chapelle du Bout-du-Pont fait l'objet d'une légende : « trois bateaux descendant le Lot furent arrêtés par une force mystérieuse au beau milieu de la rivière. L'un des marins, ayant plongé pour voir ce qui empêchait le bateau d'avancer, remonta chargé d'une statuette de la Vierge ». Il fut alors décidé de construire une chapelle surplombant le lieu de la découverte. Elle fut aussitôt un lieu de pèlerinage pour tous les bateliers de la région.

La porte de Paris et la porte de Pujols sont les derniers vestiges des remparts qui défendaient la ville au 14e siècle. La place Lafayette et ses cornières ont été, de tout temps, le cœur de la bastide, car toutes les rues y aboutissent.

La chapelle des Pénitents, de style baroque, devint le lieu de culte d'une confrérie de pénitents qui pratiquaient la charité envers les nécessiteux. Le plafond de la chapelle est en bois incrusté de verrerie. On y voit une importante collection de bâtons de procession.

Par le GR® de Pays : **Pujols :** `4 km` `I h`

Suivre le sentier GR® de Pays. Sortir de la bastide par la Porte de Pujols. Traverser la voie SNCF. Suivre la rue de Lyes sur 1,5 km. A Marquès, prendre à gauche vers un lotissement. Au bout de la voie sans issue, suivre le sentier à gauche qui débouche sur la D 118. Aller en face et grimper au village de Pujols.

## u rond-point à **Pujols** `2,5 km` `40 mn`

*A Pujols :*   *Point-Info-Rando*

**35** Contourner le **rond-point** par la droite jusqu'au panneau Côte du Casse. Monter dans cette direction ; 250 m après un réservoir, suivre un sentier à gauche puis une route sur 300 m à droite. Emprunter un chemin caillouteux très raide qui aboutit sur une route bordant un lotissement. La suivre tout droit en direction de **Pujols**.

## e **Pujols** à l'église du Mail `3,5 km` `50 mn`

*A Mothis :*

Pujols est un village médiéval pittoresque offrant des panoramas au Nord sur la vallée du Lot et la bastide de Villeneuve (table d'orientation) et au Sud sur la vallée du Mail et les coteaux du pays de Serres. Le village conserve encore des vestiges de fortifications. Ruines du château fort à l'entrée Est. Eglise fortifiée Saint-Nicolas accolée à la porte Nord de la ville. Eglise Sainte-Foy (désaffectée) avec fresques (15e et 16e). Voir aussi les nombreuses maisons à pans de bois, la halle couverte, le puits du village et la porte Ouest, près du pilori.

Passer la porte Ouest de **Pujols,** dite des Anglais. Tourner à gauche et suivre un chemin qui descend très fortement. Emprunter une route à droite. Traverser la D 226 vers le moulin de Barran et suivre un chemin très raide tout droit *(chambre d'hôtes à Mothis)*.

**36** Tourner à gauche dans un bois. Passer entre les bâtiments de la ferme de Grand-Causse. Tourner à gauche deux fois, puis à droite pour descendre à l'**église du Mail**.

## l'église du Mail à l'intersection de chemins `5 km` `I h`

Connue depuis le 13e siècle, l'église du Mail repose sur un fond gallo-romain. Elle appartient à la société académique d'Agen qui la restaure. Au midi, portail ogival avec deux chapiteaux décorés de feuilles lancéolées et armes de Saint-Etienne. A l'intérieur, fresques du 15e reproduisant les sept péchés capitaux.

De l'**église du Mail,** suivre la route à gauche. Après le pont, aller tout droit puis à droite vers la ferme de Dôme. Suivre un chemin ombragé. Emprunter la route à droite puis à gauche sur 300 m.

**37** Tourner à droite dans un chemin. Franchir successivement deux ponts tout droit. Tourner à droite pour rejoindre la D 216.

Suivre à gauche la D 216 sur 300 m. Après un pont, s'engager à droite dans un sous-bois. Continuer dans une prairie. Laisser à gauche la ferme du Bois de Labau (*pigeonnier*). Après Carty-Bas, suivre la route tout droit. Laisser à droite Beaumont-Haut. Continuer sur 100 m.

▶ Hors GR à 1 km : grottes de Lastournelle (*café*).

**38** Suivre le chemin à gauche sur 500 m et atteindre une **intersection de chemins**.

## ≥ l'intersection de chemins à Sembas  `5 km`  `1 h 15`

**39** De l'**intersection de chemins**, poursuivre tout droit entre deux haies. Suivre une route, puis la D 212 à droite sur 500 m. Au croisement (*point de vue sur Pujols*), emprunter le chemin parallèle à la route de Sainte-Livrade sur 600 m. Bifurquer à gauche deux fois, puis à droite et suivre la D 212 jusqu'à Nadal. Contourner la dernière maison et suivre une succession de chemins qui traversent le plateau. Tourner à gauche après une maison puis à droite dans un bois. Se diriger vers la flèche du clocher de l'église de **Sembas**.

## ≥ Sembas au carrefour de Laugnac  `6,5 km`  `1 h 40`

A *Laugnac* : 🏛 🛒 ✕ ☕

Laisser l'église de **Sembas** (*romane avec des baies remaniées au 15e*) à droite. Suivre la route de Fougal. La quitter pour un chemin qui descend dans la vallée du ruisseau de Rozéri. Franchir une barrière (*bien la refermer*), puis un gué. Remonter vers un bois par un chemin très souvent boueux. Suivre la route tout droit.

**40** Au croisement, tourner à gauche et au suivant à droite (*vue sur le château d'Arasse*). Laisser à droite la maison de Lacastagnal et suivre le chemin bordé d'une haie. Passer entre les bâtiments d'exploitation du château de Lavedan. Traverser la D 113.
Laisser à gauche l'église de Marsac (*12e, ancien prieuré bénédictin dédié au culte de saint Jacques*). Passer près d'une maison de style Renaissance (*pigeonnier*). 500 m après le château d'eau, arriver au **carrefour de Laugnac**.

Hors GR pour **Laugnac** :  `1 km`  `15 mn`

A *Laugnac* : 🏛 🛒 ✕ ☕

Suivre le chemin à droite.

Tour de Laugnac carrée à trois étages munie de meurtrières. Cheminée du 15e, vestiges de l'ancien château de Laugnac du 13e.

## u carrefour de Laugnac à Doulougnac    `8,5 km`  `2 h 10`  ▬

**41** Du **carrefour de Laugnac**, descendre vers le Sud jusqu'à la D 13. La suivre à droite sur 100 m puis prendre à gauche un chemin bordé d'une haie. Tourner à gauche vers la ferme de Bourran (*château de Lasfargues en contrebas*). Traverser un bois jusqu'à son extrémité Sud-Ouest. Suivre une route à gauche puis tout droit. Dans un virage, emprunter le chemin tout droit et une route à droite. Descendre à gauche vers La Pastoure. Après un pont, prendre la direction de Bernadette.

**42** Monter à droite avant cette maison. Traverser une route à Bidaouet. Suivre une succession de routes jusqu'à l'église (*en partie du 11e siècle*) de **Doulougnac**.

## e Doulougnac à la route de Monbran    `8,5 km`  `2 h`  ▬

**43** De l'église de **Doulougnac**, descendre à gauche sur 400 m. S'engager, toujours à gauche, dans un chemin sinueux qui descend dans la vallée du Bourbon. Suivre à gauche la D 125 sur 500 m. Tourner à droite deux fois pour rallier Longueval. Le chemin longe un verger puis traverse un bois. Couper une route en direction de Trégan. Au Faure, prendre la route à gauche.

**44** Passer le pont et suivre la petite route sur 350 m. Tourner à gauche dans l'allée de Saint-Marty. Monter à droite sur un chemin de terre. Après la ruine de l'église de Cayssac, aller à droite et traverser le hameau. Descendre dans la vallée du Ridounel par un chemin sinueux. Passer sous la voie rapide. A la sortie du boviduc, prendre à gauche. Remonter à droite vers Pifoulet et poursuivre tout droit. Traverser la route de crête, près du moulin à vent. Atteindre **la route de Monbran**.

## la route de Monbran à Agen    `4 km`  `I h`  ▬

A Agen :  *Point Info Rando*

De **la route de Montbran**, descendre en face, en direction de Vérone. Longer à droite le parc de la propriété (*qui appartint au 16e à Jules-César Scaliger, célèbre savant italien que l'agrément du site et la grâce de sa femme fixèrent à Agen*). Traverser la D 302 à La Rigalette. Prendre un chemin presque en face. Monter vers l'ancien site fortifié de la ville gauloise d'*Aginnum* : capitale des Nitiobriges. Traverser le plateau en direction du site de l'Ermitage.

Derrière une chapelle du 19e, chapelles taillées dans le roc dès le 12e, source, grottes, refuge des premiers chrétiens. Sainte Foy et saint Caprais s'y réfugièrent. Point de vue sur la ville d'Agen qui s'étale au pied de la colline, sur la vallée de la Garonne et les coteaux de Gascogne. Par temps clair, la vue s'étend jusqu'aux Pyrénées.

Descendre par la place des Grands-Hommes et l'avenue de la Paix. Pour entrer dans la ville, franchir le canal et la passerelle Gauja qui mène à la gare d'**Agen**.

Pruneaux d'Agen. *Photo J. Thomas/Zapa.*

La prune, ramenée de Syrie à l'époque des Croisades, s'est bien adaptée aux terres du Lot-et-Garonne (65 % de la production nationale).
La vallée du Lot est le berceau du pruneau d'Agen. Les randonneurs connaissent bien ce fruit pour sa valeur énergétique.
Notre gastronomie a su l'adopter dans les recettes traditionnelles, sucrées ou salées, mais aussi dans des préparations de crèmes de pruneaux enrobées de chocolat, de prunes et de pruneaux à l'eau-de-vie. Il est recommandé de faire une balade sur la péniche de Maître Prunille et une visite aux magasins de Casseneuil, de Villeneuve-sur-Lot ou d'Agen.

## Le cocktail agenais

Sirop de sucre de canne, eau-de-vie de prune, pruneau d'Agen, vin mousseux. Dans une flûte à champagne givrée, mettre une cuillerée à soupe de sirop de sucre, une cuillerée à soupe d'eau-de-vie de prune et un pruneau d'Agen. Arroser le tout de vin mousseux brut ou mieux, de champagne brut. Servir très frais.
*Recette d'Adrien Calmels de Coulx.*

Les pruniers (prune d'Ente). *Photo D. Lelann/Zapa.*

La ville d'Agen est l'héritière d'*Aginnum*: l'antique oppidum celtique qui régna sur le royaume des Nitiobriges. Avec la « paix romaine », la cité connaît trois siècles de prospérité. Les invasions, barbares puis normandes, poussent la population à l'intérieur des fortifications. En limite des terres françaises et anglaises, la cité se retrouve au cœur des guerres opposant les deux puissances. Elle saura cependant en tirer profit, affirmant dès le 13e siècle son indépendance vis-à-vis des autorités royales ou religieuses. Elle s'épanouit sur le plan artistique et intellectuel durant la Renaissance et poursuit son essor par la suite, malgré les bouleversements nés des guerres de Religion. Le 18e siècle voit son apogée et la ville s'étend au-delà de ses remparts, s'enrichissant de beaux hôtels particuliers. Elle devient une étape importante du trafic fluvial sur la Garonne et s'impose comme un grand centre drapier. De son passé, Agen conserve un florilège de demeures médiévales. Remaniée au 19e siècle, la cathédrale Saint-Caprais est en grande partie romane. Avec son abside et ses trois absidioles, le chevet offre une belle harmonie de volumes. A l'intérieur, d'intéressants chapiteaux historiés figurent sainte Foy et saint Caprais. L'église Saint-Hilaire du

14e siècle, en briques et en pierres, recèle un vitrail de saint Jacques. Dominée par son clocher-mur, la chapelle Notre-Dame-du-Bourg du 13e siècle est dotée d'une élégante voûte romane. L'hôtel Monluc (16e siècle) abrite un musée riche de sculptures antiques, de tableaux de Goya et d'éléments celtiques retrouvés lors de récentes fouilles. Agen a vu naître le célèbre poète Jasmin (Jacques Boé), précurseur du Félibrige et troubadour de la charité.

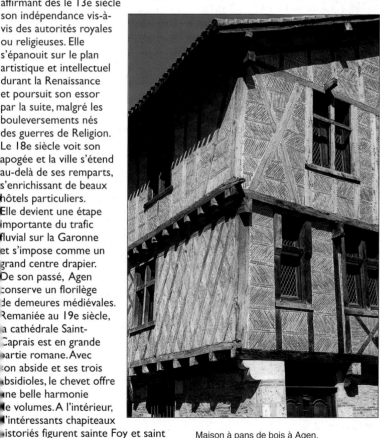

Maison à pans de bois à Agen.
*Photo P. Saillans/Zapa.*

**9 km** **2 h 15**

*A Roquefort :* 🍽 🛒 ✕ ( 🛏 *au château)*

**45** Le GR® n'entre pas dans le centre d'**Agen** mais suit la rive droite du canal. Passer sous la N 113. Franchir la Garonne par le pont-canal (*réalisation de 1839, comportant 23 arches pour une longueur de 523 m, le plus long de France ; à l'entrée Point Info Rando*). Suivre le canal du même côté, jusqu'au pont situé 600 m après la quatrième écluse. Franchir un ruisseau sur des planches.

**46** Tourner à gauche vers Franquet et Le Marais. Passer près du château de Barrail, sur la D 119, sous l'autoroute et couper la D 656 pour entrer dans **Roquefort**.

## Roquefort à Estillac

**3 km** **45 mn**

Passer devant l'église de **Roquefort**, tourner à droite sur 100 m.

**47** Tourner à gauche et monter vers le château (*4 chambres d'hôtes*). Le contourner par la droite et prendre le chemin de gauche qui longe un grillage. Monter par un sentier bordé de chênes et se diriger vers un bois (*vue sur le château d'Estillac en face*). Tourner à gauche sur un chemin. Remonter la route à droite vers l'église d'**Estillac**.

## Estillac à Moirax

**5,5 km** **1 h 30**

*À Moirax :* 🍽 🛒 ✕

Le château gascon d'Estillac (à 100 m du GR : visite sur rendez-vous), du 13e, rebâti, agrandi aux 15e et 16e, fut réaménagé et fortifié par le maréchal Blaise de Montluc en 1567. C'est dans ce château que ce célèbre capitaine qui s'était couvert de gloire en Italie au siège de Sienne, écrivit, profitant des loisirs forcés que lui imposait une grave blessure, *Les Commentaires* : véritable bible du soldat d'après Henri IV.

Avant l'église d'**Estillac**, prendre la route à gauche. Traverser la D 931, passer entre les maisons de Mariotte. Descendre à gauche dans un sentier en sous-bois puis sur une route bordée de maisons (*dont un ancien relais de poste avec fenêtres à meneaux*). Passer un gué.

**48** Tourner à droite dans un chemin qui borde le ruisseau de Ringuet. Après 700 m, laisser un sentier à droite. Continuer tout droit, tourner à gauche et prendre le chemin qui monte à gauche. Suivre à droite la route de Bourrut sur 1,5 km. Au calvaire de Ringuet, prendre le chemin en face. Franchir un ruisseau sur un pont roman et remonter jusqu'à **Moirax**.

## Moirax à Pleich

Eglise romane de Moirax, appartenant à un prieuré clunisien fondé en 1049.
Elle fut bâtie à la fin du 11e siècle et au début du 12e siècle, puis réaménagée
au cours des 17e et 19e siècles. C'est le prototype parfait de l'architecture
clunisienne. Vaisseau de la nef romane en berceau (les quatre premières travées
sont les plus anciennes), chapiteaux du transept et du chœur, sur trompes d'une
forme conique originale, abside en cul-de-four, lambris et stalles de Jean Tournier
(17e ; l'un d'eux représente saint Jacques et sa coquille de pèlerin). Portail et chevet
remarquables. A droite de l'église, bâtiments du prieuré datant du 18e siècle.

Sortir de **Moirax** par la D 268 (*ancienne voie romaine La Peyrine*). Suivre le chemin qui
contourne le prieuré par le Sud *(petite mare)*. Au calvaire de Peyre, descendre à
gauche vers l'Est jusqu'à une intersection. Suivre le chemin le plus à droite.
Emprunter une route puis un chemin après le pont sur la Jorle. Remonter jusqu'à un
parc clôturé pour chevaux. Le contourner par la droite.

**49** Au sommet, tourner à droite. Traverser une route et suivre un sentier en face
dans un bois. Franchir un pont sur la Jorle. Monter dans le bois de **Pleich**.

## Pleich à Marin

12,5 km  3 h 10

**50** Descendre à gauche. Passer **Pleich**. Dans un virage après un pont, tourner à
droite. Monter par un chemin jusqu'à la ferme de Tourillon. Suivre la D 282 à droite
sur 500 m.

**51** Tourner à gauche en bordure d'un verger. Descendre sur un chemin blanc.
Traverser une route et se diriger à gauche vers Les Aouillès. Passer davant la maison.
Suivre le chemin à droite puis à gauche qui grimpe à la D 15. Prendre en face la
direction de Rivière. Continuer tout droit sur un chemin qui descend, puis remonte
sous une ligne à haute tension.

**52** Tourner à droite sur une route montante. Dans un virage, suivre le chemin de
terre à droite. Garder toujours la direction Ouest à travers coteaux et vallées. Suivre
la D 282 à gauche sur 300 m. Au croisement, emprunter à droite la D 268 sur
250 m. Avant la maison de Serre, prendre un chemin à gauche. Au cimetière de
Daubèze, continuer tout droit. Un peu plus loin, apparaît le château de **Marin**.

Le château de Marin faisait partie, durant tout le Moyen Age, de la ligne de
fortifications qui défendait l'Agenais, alors occupé par les Anglais. Au Sud, le château
d'Escalup, toujours en ruines, était un des éléments de la ligne de fortifications
françaises.

133

Transfert et arrivée du corps de saint Jacques à Compostelle. *Photo Dagli-Orti.*

La meilleure définition des confréries a été forgée par le canoniste G. Le Bras : « familles artificielles dont tous les membres sont unis par une fraternité volontaire, les confréries ont pour objet de satisfaire, dans un cadre étroit, les plus poignants besoins du corps et de l'âme ».

Certaines, placées sous le patronage de Jacques le Majeur, étaient composées de « confrères-pèlerins » qui, tout en vouant un culte particulier à l'apôtre de Galice, tenaient une place importante dans l'organisation de l'assistance aux pieux voyageurs, en gérant des hôpitaux.

Contre toute attente, pareilles associations sont peu nombreuses dans ces régions. Sur la Via podiensis classique, on en rencontre une seule, à Moissac, et encore ses statuts n'ont-ils été rédigés qu'en 1523 ! De ce fait, son activité en faveur des pèlerins en marche vers la Galice

nous reste inconnue car, au 16e siècle, les mentalités avaient évolué et les « confrères-pèlerins » étaient comme repliés sur eux-mêmes, se souciant surtout des devoirs à remplir vis-à-vis des morts de l'association.

Grâce aux statuts d'autres confréries méridionales (Cordes, Toulouse, Muret et Bagnères-de-Bigorre) nous pouvons mieux cerner leur composition et leurs activités.

Dans l'ensemble, les confrères (et consœurs, car les femmes étaient admises) étaient de pieux laïcs ayant accompli le voyage en Galice. Mais, cette condition n'était pas impérative : on pouvait parfois être admis en promettant d'accomplir le pèlerinage sous un an ou même de payer le prix que coûterait le voyage. Souvent, l'adhésion était subordonnée au paiement d'un droit d'entrée : les confréries n'étaient pas des associations de pauvres gens.

Les activités spirituelles des confréries apparaissent assez pauvres et figées. Elles consistent à se rendre à un certain nombre de processions, le cas échéant revêtu du costume de pèlerin, assister à la messe de saint Jacques le 25 juillet et au banquet qui suit. Le tout à peine d'amendes, parfois lourdes, infligées par les dirigeants de la confrérie.

L'exercice de la charité se limite à une entraide entre confrères du lieu, en cas de maladie, et à l'assistance aux obsèques du confrère décédé. Point d'allusion à une aide éventuelle aux pèlerins de passage, lesquels, en retour, dans leurs récits, ne rapportent jamais avoir eu le moindre contact avec les confrères de saint Jacques des villes traversées.

Les confréries apparaissent donc comme des cercles fermés, centres de réunions protocolaires et formelles, sans véritable rayonnement spirituel et sans rôle caritatif aucun.

Pourtant, certaines, comme à Toulouse ou Cordes, avaient fondé et administré des hôpitaux pour pèlerins entre le 12e et le 13e siècle... Force est de constater que, lorsque leurs statuts sont de nouveau rédigés aux 14e ou 15e siècles, les confréries ont déjà délaissé leurs fonctions altruistes pour s'enfermer dans un égoïsme évident. Tout au plus peut-on les créditer d'un effort financier réduit, qui consiste à donner quelque argent lors d'un quête annuelle (faite au nom de la ville et non au sein des seules confréries) afin de venir en aide aux pauvres de l'hôpital.

Les confréries étaient donc, dès la fin du Moyen Age, des associations sclérosées. Leur seul rôle positif était de sécuriser leurs propres membres par l'entraide qu'ils se devaient mutuellement.

Ce comportement est révélateur d'une poussée de l'individualisme perceptible, à pareille époque, dans le ton des récits de voyage et dans le comportement des pèlerins, qui préfèrent recourir aux auberges plutôt que de subir la discipline des hôpitaux et gîtes monastiques.

Pèlerins priant dans un sanctuaire.
*Photo Dagli-Orti.*

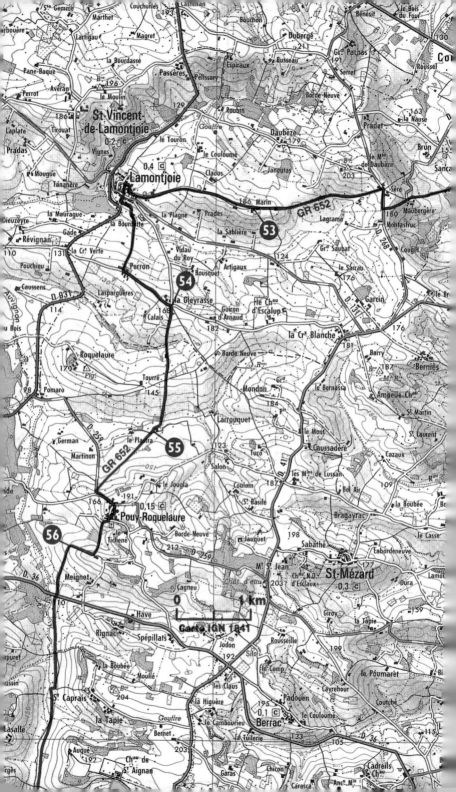

Carte IGN 1841

## Marin à Lamontjoie-de-Saint-Louis  `2 km` `30 mn`

A *Lamontjoie-de-Saint-Louis* : ▣ Ⅹ 🛒 ⅰ

**53** Quitter **Marin** et suivre la route de crête jusqu'à **Lamontjoie-de-Saint-Louis**.

## Lamontjoie-de-Saint-Louis à La Gleysasse  `2 km` `30 mn`

Lamontjoie se situe dans une région qui fut longtemps une zone frontière. Dans l'Antiquité, elle correspondait à la limite entre les Ibères et les Gaulois Nitiobriges. Durant le Moyen Age, elle marquait la frontière entre l'Agenais, dans la mouvance anglaise, et l'Armagnac, dépendant du roi de France. C'est pourquoi Philippe IV le Bel fonda le 1er janvier 1299, lors d'une temporaire occupation française, la bastide de Lamontjoie-de-Saint-Louis. Ce fut la première localité du monde à porter le nom du saint roi. Cette bastide à plan régulier a conservé de nombreuses maisons anciennes et des rues pittoresques. Voir : la place centrale, le couvent des Clarisses, l'église paroissiale du 15e avec un retable de bois sculpté et doré du 17e (venant du monastère du Paravis après la Révolution française), un buste reliquaire du 17e en bois sculpté en émaux champlevés limousins renfermant une main de Saint Louis.

Descendre la rue venant de l'église de **Lamontjoie-de-Saint-Louis**. Tourner à gauche, puis à 50 m à droite, entre deux maisons. Tourner à gauche, puis à droite après 100 m.

➤ A 200 m à gauche, église romane de Notre-Dame-de-la-Plagne, *établie sur les ruines d'une villa gallo-romaine*.

La contourner en la laissant sur la gauche et descendre jusqu'au ruisseau de Lambronne (*dont le nom viendrait des Ligures, population plus ancienne que que les Ibères et les Gaulois*). Remonter en face en direction du Sud jusqu'à la ferme de Perron. Emprunter la route à gauche sur 800 m jusqu'à des bâtiments dénommés **La Gleysasse**.

## La Gleysasse à Pouy-Roquelaure  `3 km` `45 mn`

A La Gleyasse : vue sur les châteaux de Marin à gauche, Escalup en face et Roquelaure à droite.

**54** Au carrefour de **La Gleyasse**, s'engager à droite sur un chemin descendant au ruisseau des Pontets (*limite entre le Gers et le Lot-et-Garonne ; vue à droite, en avant, sur le mamelon boisé renfermant les ruines du château de Roquelaure qui renforçait ici la frontière médiévale*). Le chemin remonte à la ligne de crête. S'engager en face dans un chemin bordé de haies. A la sortie, franchir à gué le ruisseau de Grave et remonter à proximité de la ferme Lebreton.

**55** La contourner par l'Ouest. Continuer tout droit sur un chemin, puis emprunter à gauche la D 269 pour rejoindre **Pouy-Roquelaure**.

Hôpital Saint-Jacques de Figeac. *Photo M. Wasielewski.*

Au Moyen Age, le terme « hôpital » désignait un lieu d'assistance et d'asile plutôt qu'un établissement de soins. On y recevait les « pauvres du lieu et pauvres passants », c'est-à-dire tous les voyageurs, dont les pèlerins, pauvres « spirituels », qui, même riches, s'étaient dépouillés volontairement pour prendre la route et « suivre pauvres le Christ pauvre ». Le vocable sous lequel l'hôpital était placé n'est pas sans importance : on pense que celui de « saint Jacques » recevait essentiellement une clientèle de pèlerins venant de Galice sans, bien entendu, que la porte ait été fermée aux autres voyageurs.

Ainsi, nous trouvons sur la Via podiensis des hôpitaux Saint- Jacques : Puy-en-Velay, Saugues, L'Hospitalet (de la Margeride), Figeac, Varaire, Cahors, Moissac, La Peyronelle (à l'entrée de Lectoure), Lectoure, Condom (hôpitaux de Saint-Jacques-de-Teste et de Saint-Jacques-de-la Bouquerie). Ils constituent des jalons incontestables du passage des pèlerins d'antan dans ces localités.

Les femmes se lançaient-elles aussi fréquemment que les hommes sur les chemins de Compostelle ? Faute de statistiques, il est difficile de répondre à cette question. Force est de constater, cependant, que les textes font plus volontiers allusion aux pèlerins de sexe masculin et que tous les récits de voyage qui nous sont parvenus sont des récits d'hommes. Toutefois, un certain nombre d'indices nous permettent de déceler la présence des pèlerines : dans le récit du miracle du pendu-dépendu, c'est bien toute une famille qui fait route vers Compostelle : le père, la mère et le fils, victime d'une mésaventure ; sur la porte de l'Hospital del Rey, à Burgos, on peut voir représenté un groupe de pèlerins : homme, femme donnant le sein à un bébé et enfants. Dans certains grands hôpitaux, nous savons qu'il y avait une salle pour les femmes, tandis que les sœurs étaient préposées à les accueillir et les soigner. Enfin, les statuts des confréries font allusion aux « consœurs » à côté des « confrères ».

Il y avait donc, bel et bien, des femmes sur les chemins de Compostelle. On peut simplement penser (à partir des rares sources dont nous disposons sur ce thème) qu'elles étaient beaucoup moins nombreuses que les hommes, qu'elles voyageaient de préférence en famille et (sans doute à cause des dangers de la route) presque jamais seules.

Il y avait aussi des femmes sur les chemins de Compostelle. *Coll. part.*

*A La Romieu :* 🏠 🏛 🛒 ✗

Le château de Pouy-Roquelaure (17e) est une bâtisse en équerre, flanquée sur sa façade Sud de deux pavillons saillants ; haute pyramide des toitures en tuiles plates, rare en Gascogne.

Traverser **Pouy-Roquelaure** et arriver par un escalier sous le château. Tourner à droite, descendre par un sentier vers un petit lac collinaire et remonter à la ferme de La Bourdette. Tourner à droite (*vue sur le château de Pouy-Roquelaure*) sur 500 m.

**56** Se diriger à gauche sur un chemin descendant la vallée de l'Auvignon. Traverser la D 36 et prendre en face un chemin qui suit l'Auvignon.

▶ A mi-distance, à gauche : jonction avec le GR® de Pays *Cœur de Gascogne*.

Le GR® 652 continue tout droit ; 2 km plus loin, le chemin s'écarte de l'Auvignon et aboutit en face de la porte Nord de **La Romieu**.

▶ Le GR® 652 rejoint ici le GR® 65 : qui se dirige à l'Ouest puis au Sud vers Condom et Roncevaux, à l'Est puis au Nord vers Lectoure, Moissac, Cahors.

La Romieu se voit de loin grâce à ses hautes tours et à sa puissante collégiale : un monument si vaste ne peut que surprendre en une aussi petite bourgade. C'est qu'elle vit naître Arnaud d'Aux, futur cardinal apparenté à Bertrand Goth, plus connu dans l'histoire sous le nom de Clément V, pape. L'illustre prélat consacra une partie de sa fortune à enrichir son village placé sur le chemin des pèlerins, des « Romieu » comme on disait au Moyen Age, d'où le nom de La Romieu qu'il porte encore aujourd'hui.

Le spectacle est saisissant dès qu'on pénètre dans le carré formé par le cloître. Jadis, ce cloître comportait deux étages et s'entourait des bâtiments claustraux traditionnels de tout monastère : dortoir, réfectoire, sacristie. C'est là que les chanoines du chapitre menaient leur vie quotidienne. Les destructions ont heureusement épargné les quatre galeries du rez-de-chaussée.

Du cloître, on accède à l'église, grande nef unique dans le style du pays, plus haute que large, qui s'achève à l'Est par un chevet à pans coupés, toute entière voûtée d'ogives. La sacristie est tapissée de fresques du 14e siècle, d'une grande fraîcheur.

*Pour monter à la tour, s'adresser au Syndicat d'initiative. Petit musée ouvert l'été.*

▶ Il est conseillé de se promener dans les ruelles.

Le pèlerinage de Compostelle (comme ceux de Rome ou de Terre-Sainte) entraînait le pieux voyageur pendant de longs mois sur des routes inconnues Il rencontrait des pèlerins de tous horizons, à bien des égards différents de lui. Comment réagissait-il ?

Le *Guide du pèlerin* d'Aimery Picaud. *Photo J. da Cunha.*

Le *Guide du pèlerin* nous donne de précieuses indications sur ce point. Son auteur, Aimery Picaud, était natif de Parthenay-le-Vieux, en Poitou. Il va de soi que les Poitevins sont parés de toutes les qualités. Les voisins saintongeais ne suscitent aucun commentaire, sauf, peut-être, une remarque sur leur langage qui est « rude ». Mais celui des Bordelais l'est encore davantage... Rien de bien méchant jusque-là...

Les choses se gâtent franchement au Pays Basque. Laissons la parole à l'auteur du Guide : « Les gens sont féroces, comme est féroce, montagneuse et barbare la terre même où ils habitent. Leurs visages féroces, tout comme la sauvagerie de leur langue barbare, produisent la terreur dans l'âme de celui qui les regarde... ». Les Basques et les Navarrais « s'habillent mal, de même, ils mangent et ils boivent mal..., ils mélangent toute leur nourriture dans une seule écuelle, ils n'ont pas de cuiller, ils mangent avec les mains et boivent tous au même récipient. Quand on les voit manger, on dirait voir des chiens ou des porcs. En les entendant parler, on croirait des aboiements de chiens du fait de la barbarie de leur langue. » Et Picaud poursuit par une cascade de qualificatifs plus désobligeants les uns que les autres : « pervers, perfides, déloyaux, luxurieux, ivrognes, agressifs, féroces et sauvages... impies... cruels... dépourvus de toutes vertus et dressés à tous les vices et iniquités... pour une misérable pièce de monnaie, un Navarrais ou un Basque trucide comme il le peut un Français ». Et ce n'est là que ce que la décence permet de retranscrire des reproches portés contre les malheureux Navarrais.

En haute Navarre, la population ne trouve pas davantage grâce aux yeux d'Aimery Picaud. Il rapporte qu'au passage du Rio Salado (la rivière salée), les autochtones incitaient les pèlerins à y faire boire leurs chevaux, qui en mouraient. Ils se réjouissaient ensuite méchamment en dépeçant les pauvres bêtes. Ce n'est pas là pure médisance : les cavaliers contemporains savent bien que l'eau de cette rivière est nocive pour les chevaux.

Et de conclure benoîtement : « Pour toutes ces raisons, les personnes civilisées ne peuvent faire moins que de réprouver les Navarrais ». Nul doute que, s'il avait existé une loi incriminant le racisme au 12e siècle, Picaud aurait fait l'objet de poursuites bien méritées. Il est étrange de penser que ce clerc gyrovague n'admet pas les différences alors qu'il est, lui-même, un perpétuel étranger et, qu'à ce titre, il ne cesse d'exiger des habitants des contrées traversées aide et assistance !

En revanche, une fois arrivé en Galice, le pèlerin retrouve la civilisation : « C'est une terre boisée, avec des rivières, des prés, d'extraordinaires vergers, de bons fruits et des sources très claires, mais il y a peu de villes, de fermes et de terres labourées. Elle est pauvre en pain, blé et vin mais regorge de pain de seigle et de cidre, bien fournie en bétail et en chevaux, en lait et en miel, et en poissons de mer gros ou petits... Les Galiciens sont le peuple, entre tous les autres peuples incultes d'Espagne, qui ressemble le plus à notre nation française, si ce n'était qu'ils sont très coléreux et procéduriers ».

Cette relative indulgence vis-à-vis des Galiciens s'explique par la nécessité de ne pas décourager les pèlerins de prendre la route pour une contrée

Le corps de saint Jacques est embarqué à Jafa, avant de reposer à Compostelle.
*Photo Dagli-Orti.*

inhospitalière. Et puis, saint Jacques aurait-il choisi pareille région, peuplée d'individus aussi ignobles, pour y installer sa sépulture ?

Décidément, le *Guide du pèlerin* est un document bien peu objectif !

# Index des noms de lieux

**Direction des éditions et coordination générale :** Dominique Gengembre. **Secrétariat d'édition :** Nicolas Vincent, Janine Massard, Philippe Lambert. **Maquette :** Nicolas Vincent. **Lecture et corrections :** Brigitte Bourrelier, Jean-Pierre Feuvrier, Elisabeth Gerson, Anne-Marie Minvielle, Hélène Pagot et Gérard Peter. **Cartographie :** Olivier Cariot et Frédéric Luc. **Suivi de fabrication :** Jérôme Bazin, Delphine Sauvanet et Matthieu Avrain.

2e édition : avril 2002

© FFRP-CNSGR 2002 - ISBN 2-85699-923-9 - © IGN 2002

Dépôt légal : avril 2002

Compogravure : MCP (Orléans)

Impression : Jouve (Mayenne)